lonely planet

DE CERCA
ROMA

AF894191

Virginia DiGaetano y Duncan Garwood

Sumario

Arriba: Campo de' Fiori (p. 65).
Abajo: Termas de Caracalla (p. 140).

Puesta a punto 4

Explora Roma 35

Guía práctica 167

DE IZDA. A DCHA.: DI GREGORIO GIULIO/SHUTTERSTOCK ©, SCALIGER/GETTY IMAGES ©

★ Imprescindible

Merece la pena

El viaje empieza aquí

Roma es una ciudad que no deja de sorprenderme. Por alguna razón, todo parece más extremo aquí, desde la increíble belleza de sus monumentos y obras de arte hasta las escenas cotidianas que se desarrollan en sus coloridas calles. Pero lo que me encanta de Roma, tanto como su obvia belleza, son los detalles más banales: los mercados en las *piazze* medievales, el aroma a grano recién molido que emana de los cafés, una carbonara perfecta en una famosa *trattoria*. Y con el inicio del año jubileo de la Iglesia católica en el 2025, ahora es el momento ideal para descubrir la ciudad en toda su pompa teatral. *Duncan Garwood*

Duncan Garwood

@DuncanGarwood

Radicado en Roma, es autor de guías de viajes con más de 20 años de experiencia escribiendo sobre Italia y su capital para Lonely Planet, periódicos y webs.

Virginia DiGaetano

Escritora y traductora que no quería vivir en Italia y que ahora no puede imaginarse vivir en otro lugar, especialmente por el café.

Basilica di Santa Maria in Trastevere (p. 159).

LO MEJOR

Experiencias gastronómicas

Comer fuera es uno de los grandes placeres de Roma, y la combinación de románticos rincones al aire libre, comida superlativa y gran oferta de pizzerías, *trattorie* y restaurantes es garantía de inolvidables momentos.

Disfrutar de la excelente cocina romana en el **Piatto Romano,** una de las *trattorie* del delicioso barrio de Testaccio. (p. 144)

Probar las celestiales *pizzas* en porciones del **Bonci Pizzarium,** venerado puesto para llevar cerca del Vaticano. (foto arriba izda.; p. 86)

Degustar los sublimes *gelati* de **Otaleg** de paseo por las calles medievales del Trastévere. (foto arriba dcha.; p. 164)

Catar los exquisitos vinos y recetario italiano del **Rimessa Roscioli,** popular vinatería-restaurante del centro histórico. (p. 68)

Maravillarse ante las *pizzas* de la **Seu Pizza Illuminati,** aclamada pizzería del Trastévere. (p. 163)

Saborear la excepcional cocina regional de Las Marcas en la **Trattoria Monti,** en el barrio de Esquilino. (p. 119)

Dcha.: Seu Pizza Illuminati (p. 163).

LO MEJOR

El arte de beber

Desde un capuchino en un café de una *piazza* hasta catas de vinos en una *enoteche* (vinatería) tradicional o un cóctel en un elegante *lounge*-bar, Roma es un lugar mágico para beber sin prisas.

Probar los vinos más exquisitos de Italia en **L'Angolo Divino,** agradable bar de vinos en las callejas cerca del Campo de' Fiori. (p. 68)

Disfrutar de un *spritz* con las vistas y el ambiente de *aperitivo* relajado de Monti en la **Rooftop Spritzeria Monti.** (p. 121)

Tomar unas cervezas en el **Ma Che Siete Venuti a Fà,** diminuto bar del Trastévere famoso por sus variedades artesanas y auténticas *ales*. (p. 164)

Empezar el día con un enérgico café y una deliciosa pasta en el **Barnum Cafe.** (p. 69)

Sorber creativos cócteles en el **Drink Kong,** distinguido local de Monti y uno de los 50 mejores bares del mundo. (p. 120)

Relajarse con una copa en la terraza del **Tram Depot,** quiosco del barrio de moda, Testaccio. (p. 145)

Dcha.: Ma Che Siete Venuti a Fà (p. 164).

Ma che siete
venuti a fà
25

GLORIA IMBROGNO/SHUTTERSTOCK ©

Concierto, Termas de Caracalla (p. 140).

LO MEJOR

Espectáculos

Desde que las masas aclamaban a los gladiadores en el Coliseo, los romanos siempre han valorado un buen espectáculo. Hoy, fiestas y celebraciones atraen a un público apasionado.

Alegrar el espíritu con una ópera en las **Termas de Caracalla** (p. 140), memorable escenario de la temporada estival de música y danza del Teatro dell'Opera.

Asistir a un concierto en el **Auditorium Parco della Musica** (p. 106), moderna sala diseñada por Renzo Piano y principal centro cultural de Roma.

Disfrutar de una relajante velada de cine al aire libre en la isla del río Tíber durante el festival de verano **Isola del Cinema** (p. 66).

Unirse a los aficionados a las artes escénicas en el histórico **Teatro Argentina** (p. 65), uno de los escenarios del festival de teatro y danza Romaeuropa.

Celebrar el aniversario de la ciudad, el Natale di Roma, con recreaciones y procesiones en **Via dei Fori Imperiali.** (p. 50)

LO MEJOR

Ir de compras

Pasar ante sus elegantes escaparates es parte integrante de la visita a la ciudad. Hay tiendas para todos los gustos y bolsillos, incluida una impresionante selección de *boutiques* de moda, charcuterías, mercados y talleres artesanos.

Acumular dulces dignos de la realeza en la **Confetteria Moriondo & Gariglio,** fantástica tienda de chocolates según recetas del s. XIX. (p. 69)

Regalarse un bolso de piel manufacturado de **Hang Roma,** distinguida tienda del animado barrio de Monti. (p. 121)

Disfrutar de una *passeggiata* (paseo) vespertina por **Via del Corso** y **Via dei Condotti,** selecto feudo de los mejores diseñadores. (p. 90)

Dejarse tentar por las delicias de **Volpetti,** famosa charcutería de Testaccio rebosante de exquisiteces italianas. (foto arriba izda.; p. 145)

Unirse a las alegres multitudes en la **Porta Portese,** el rastro insignia de Roma que invade el Trastévere cada domingo por la mañana. (foto arriba dcha.; p. 161)

Sumergirse en el bullicio del **Mercato Trionfale,** el mayor mercado de abastos de Roma. (p. 85)

LO MEJOR

Historia

Ruinas marciales, palacios renacentistas, basílicas barrocas: cualquier rincón de la ciudad recuerda su épico pasado. Durante miles de años Roma fue protagonista destacada, algo que se percibe ostensiblemente en su paisaje histórico.

Imaginar el clamor de las masas en el **Coliseo,** el monumento que mejor encarna el poder de la antigua Roma. (foto arriba izda.; p. 41)

Rastrear las ruinas palaciegas del **Palatino,** la colina donde crecieron Rómulo y Remo y vivieron los emperadores de Roma con gran pompa. (p. 49)

Admirar la cúpula del **Panteón,** sin precedentes arquitectónicos y gran hito de la ingeniería de los antiguos romanos. (foto arriba dcha.; p.60)

Descender hasta las espeluznantes catacumbas de San Sebastiano, una red de catacumbas en las profundidades de **Via Appia Antica.** (p. 148)

Maravillarse ante la ambición arquitectónica y las riquezas artísticas de la **basílica de San Pedro,** la majestuosa iglesia del Vaticano. (p. 81)

Deleitarse ante la colección de tesoros etruscos más importante de Italia en el **Museo Nazionale Etrusco di Villa Giulia.** (p. 107)

Dcha.: basílica de San Pedro (p. 81).

DESDE LA IZDA.: BELENOS/SHUTTERSTOCK ©, DILIANA NIKOLOVA/SHUTTERSTOCK ©, SUN_SHINE/SHUTTERSTOCK ©

NI CAELORVM TV ES PETRVS
A FIDES
MVNDO

LO MEJOR

Arte

Sede de algunas de las mejores obras de arte del mundo, Roma es un espectáculo para la vista. Las iglesias de la ciudad esconden incalculables tesoros y los museos rebosan de piezas inmediatamente reconocibles de genios renacentistas y barrocos.

Contemplar los increíbles frescos de Miguel Ángel en la **Capilla Sixtina,** clímax de los Museos Vaticanos. (foto arriba izda.; p. 80)

Apreciar los vívidos detalles de las míticas esculturas de Gian Lorenzo Bernini en el **Museo e Galleria Borghese.** (p. 104)

Admirar las estatuas antiguas y demás obras maestras de los **Museos Capitolinos,** los museos públicos más antiguos del mundo. (p. 49)

Alabar la escultura clásica y los sorprendentes mosaicos romanos en el desconocido **Palazzo Massimo alle Terme.** (p. 115)

Recrearse ante el trío de pinturas melancólicas de Caravaggio en la apabullante **Chiesa di San Luigi dei Francesi.** (p. 63)

Explorar la **Villa Farnesina,** distinguido palacio renacentista del Trastévere con asombrosos frescos de Rafael. (foto arriba dcha.; p. 162)

Dcha.: 'Apolo y Dafne' de Gian Lorenzo Bernini en el Museo e Galleria Borghese (p. 104).

GIORDANO CANTONE/SHUTTERSTOCK ©

Villa Borghese (p. 106).

LO MEJOR

Parques y jardines

Con senderos arbolados, claros boscosos y vertiginosos pinos, los parques de Roma auguran deliciosos paseos en familia, momentos de relax al aire libre o simplemente magníficas vistas.

Caminar por los frondosos confines de **Villa Borghese,** el parque predilecto de los romanos, con zonas verdes, miradores y un pequeño lago y barcas de remo. (p. 106)

Enamorarse ante la puesta de sol en el **Giardino degli Aranci,** romántico jardín vallado lleno de naranjos en el monte Aventino. (p. 142)

Escapar de las masas del Coliseo en **Villa Celimontana,** con su, raramente concurrido, adorable y apacible parque. (p. 131)

Relajarse entre las plantas exóticas y los frondosos árboles del **Orto Botanico,** el jardín botánico del s. XIX en las empinadas laderas sobre el Trastévere. (p. 162)

Perder el tiempo explorando la **Villa Doria Pamphili,** con el mayor parque paisajístico de Roma, sobre la colina de Janículo. (p. 161)

Lo mejor para niños

Despertar al guerrero que todos llevan dentro en el **Coliseo,** épico estadio donde los gladiadores se batían en sangrientos combates. (p. 41)

Lanzar una moneda a la **Fontana di Trevi** y garantizarse el regreso a la Ciudad Eterna. (p. 96)

Asustar a los adolescentes en las espeluznantes catacumbas y pedalear por **Via Appia Antica,** la antigua Vía Apia. (p. 148)

Soltar a los peques, alquilar un bicitaxi familiar o una barca de remos en **Villa Borghese,** el hermoso parque central de Roma. (p. 106)

Premiar a los pequeños con unas *pizzas,* quizá unas porciones del **Antico Forno Roscioli,** famosa panadería del centro histórico. (p. 67)

Lo mejor gratis

Maravillarse ante la extraordinaria *Piedad* de Miguel Ángel en la **basílica de San Pedro.** Las iglesias son de libre acceso y suelen contener veneradas obras maestras. (p. 81)

Admirar las majestuosas fuentes y a los paseantes de **Piazza Navona.** Observar el ambiente en las *piazze* es la actividad urbana por excelencia. (p. 62)

Subir al Aventino para una de las vistas más curiosas de la ciudad: la cúpula de San Pedro por la cerradura de **Villa del Priorato di Malta.** (p. 142)

Hacer el romántico recorrido de rigor del **Cimitero Acattolico per gli Stranieri,** el cementerio no católico donde están enterrados los poetas Keats y Shelley. (p. 142)

Barrer con la vista los escaparates de Via dei Condotti y de las elegantes calles comerciales alrededor de la **escalinata de Piazza di Spagna.** (p. 94)

Tres días perfectos

Recorrer las calles de Roma y sus icónicos monumentos puede resultar abrumador. Estos itinerarios, con los principales puntos de interés y una buena selección de cafés, restaurantes y bares, allanan el camino.

Foro Romano (p. 45).

DESDE LA IZDA.: S.BORISOV/SHUTTERSTOCK ©, KIRK FISHER/SHUTTERSTOCK ©, ROSSHELEN/GETTY IMAGES ©, ALEXANDER SPATARI/GETTY IMAGES ©

PRIMER DÍA

Si solo se dispone de un día

MAÑANA

Se empieza en el **Coliseo** (p. 41). Luego se sube al **Palatino** (p. 49) para ver donde todo comenzó con Rómulo y Remo, antes de descender al **Foro Romano** (p. 45).

TARDE

Después de almorzar, en Piazza del Campidoglio se admiran los sensacionales tesoros de los **Museos Capitolinos** (p. 49) y, al salir, las vistas desde el **Vittoriano** (p. 49), antes de ir al **Panteón** (p. 60) y **Piazza Navona** (foto arriba; p. 62).

NOCHE

En el centro histórico, se puede cenar en el **Da Cesare al Pellegrino** (p. 68) y tomar un café vespertino en el **Caffè Sant'Eustachio** (p. 68).

SEGUNDO DÍA

Un fin de semana

MAÑANA

Primero se visitan los **Museos Vaticanos** (p. 76). Después de maravillarse ante tantas obras maestras y los frescos de Miguel Ángel en la **Capilla Sixtina** (p. 80) se completa la visita con la **basílica de San Pedro** (p. 81).

TARDE

Tras recargar pilas con una porción de *pizza* en el **Bonci Pizzarium** (p. 86), se toma el metro hasta la estación de Spagna para remontar la **escalinata de Piazza di Spagna** (p. 94). Se sigue hasta la **Fontana di Trevi** (p. 96) para lanzar una moneda al agua.

NOCHE

Se termina de nuevo en el centro, con una cena en la terraza de la **Osteria La Quercia** (p. 67) y unos vinos en **L'Angolo Divino** (p. 68).

TERCER DÍA

Una escapada

MAÑANA

Previa reserva, el **Museo e Galleria Borghese** (p. 104) depara una buena dosis de escultura barroca y piezas renacentistas, seguido de un paseo por el parque central de Roma, en **Villa Borghese** (p. 106).

TARDE

Se camina hasta **Piazza del Popolo** (p. 100), donde se admiran las obras de Caravaggio en la basílica de Santa Maria del Popolo. Luego, se curiosea por las tiendas cerca de **Via del Corso** (foto arriba; p. 91).

NOCHE

Sobre el río, el fotogénico barrio del **Trastévere** (p. 154) es ideal para pasar la noche, con sus calles medievales y numerosos bares y restaurantes.

Con más tiempo

Se empieza en las imponentes ruinas de las **Termas de Caracalla** (p. 140), antes de ascender al monte Aventino para disfrutar de la famosa **vista desde la cerradura** (p. 142) e impregnarse del romanticismo del **Giardino degli Aranci** (p. 142). Allí cerca, el mundano barrio de Testaccio es ideal para almorzar, ya sea en una clásica *trattoria* o un puesto callejero del **Nuovo Mercato di Testaccio** (p. 139).

Tras reponer fuerzas, se dedica la tarde al desconocido barrio de Esquilino. Se visita el **Palazzo Massimo alle Terme** (p. 115), con esculturas clásicas y asombrosos mosaicos, y luego se entra en la **Basilica di Santa Maria Maggiore** (p. 117) y la **Basilica di Santa Prassede** (p. 111), para contemplar mosaicos aún más impresionantes. Se termina de compras por la zona de Monti.

La noche sigue en Monti, con su rica vida nocturna y bares como el **Ai Tre Scalini** (p. 120) y el **Drink Kong** (p. 120).

Giardino degli Aranci (p. 142).

DIEGO FIORE/SHUTTERSTOCK ©

Una excursión

En los extremos meridionales de Roma, **Via Appia Antica** (foto arriba; p. 148) es ideal para una excursión a pie o en bici, aunque los adoquines del firme hacen el viaje un poco movido.

El principal atractivo de esta vía son las **catacumbas** (p. 148), que ofrecen una espeluznante sensación al aventurarse por sus oscuros e inquietantes túneles. De regreso al país de los vivos, se pueden explorar los restos de un antiguo circuito de carreras en la cercana **Villa di Massenzio** (p. 149).

Ruinas más sorprendentes aguardan 3 km al sur en **Villa dei Quintili** (p. 151), antigua residencia de lujo que despertó la envidia del Emperador Cómodo.

En un día de lluvia

Nada mejor que refugiarse en el subsuelo y hacer un circuito por las ruinas subterráneas de la suntuosa **Domus Aurea** de Nerón (foto arriba; p. 117) o explorar el templo pagano en las profundidades de la **Basilica di San Clemente** (p. 131).

Tras emerger sano y salvo, se disfruta de una comida regional en **Il Bocconcino** (p. 133), antes de pasar la tarde entre tesoros.

La excelente **Galleria Doria Pamphilj** (p. 64) exhibe obras de grandes maestros italianos y europeos, y el **Palazzo Farnese** (p. 64) es una mansión renacentista que alberga algunos de los frescos más espectaculares de la ciudad.

Prepararse

ANTES DE PARTIR

Tres meses antes
Circuito por el **Coliseo** (p. 41) y visita privada a los **Museos Vaticanos** (p. 76).

Un mes antes
Entrada estándar al **Coliseo** (p. 41) y visita al **Museo e Galleria Borghese** (p. 104) y al **Palazzo Farnese** (p. 64).

Una semana antes
Entrada al **Panteón** (p. 60), a los **Museos Vaticanos** (p. 76) y a la audiencia semanal del papa; mesa en restaurantes famosos.

Costumbres

La sociedad italiana es sorprendentemente formal y lo correcto es saludar al entrar en tiendas, restaurantes y bares con un **'buongiorno'** (buenos días), **'buon pomeriggio'** (buenas tardes) o **'buonasera'** (buenas noches). Para llamar la atención se dice **'mi scusi'** (perdone) y para pedir permiso al pasar por un lugar concurrido, **'permesso'** (con permiso). Si se dan las **'grazie'** (gracias), se recibirá el típico **'prego'** (de nada).

Qué llevar

Las apariencias cuentan en una ciudad tan pendiente de la moda. Pantalones cortos, camiseta y sandalias son prendas adecuadas para visitas veraniegas, pero hay que tener en cuenta que existen códigos de vestir en la basílica de San Pedro y los Museos Vaticanos. Por la noche, la norma es arreglado-informal. Un calzado cómodo es esencial si se va a caminar mucho, y un sombrero puede resultar vital en verano, especialmente en los sitios con poca sombra, como los foros.

Conviene saber

Domingo gratis El primer domingo de cada mes muchos museos y puntos de interés son gratis. Pero el tique es necesario y probablemente habrá más gente en los principales destinos como el Coliseo y el castillo de Sant'Angelo. Téngase en cuenta que muchos museos cierran los lunes, como el superlativo Museo e Galleria Borghese y el Palazzo Barberini.

Fuentes Pasear por las calles históricas puede dar sed. Por suerte, las fuentes *nasoni* (narizotas) ofrecen agua potable gratis por toda la ciudad.

Vigilar las pertenencias Roma es una ciudad segura, pero hay carteristas, especialmente en los principales puntos de interés y los abarrotados autobuses y metros. Hay que estar alerta en torno a la estación de trenes Termini.

PROPINAS

Los romanos no suelen dejar propina. No es necesaria al comer o cenar fuera, pero si se quiere dejar algo, se puede redondear la cuenta o dejar unas monedas.

1-2 € persona
Pizzerías y 'trattorie'

5-10%
Restaurantes más elegantes
Por un buen servicio

0,10-0,50 €
Bares y cafés
Se deja en la barra

1 €/ bulto
Hoteles

PRESUPUESTO DIARIO

Económico Hasta 120 €

- Habitación doble en hotel económico: **60-130 €**
- *Pizza* y cerveza: **15-20 €**
- Abono transporte 24 h: **7 €**

Medio 120-300 €

- Habitación doble en hotel: **100-200 €**
- Comida en restaurante local: **25-45 €**
- Roma Pass 48/72 h: **32/52 €**

Alto Desde 300 €

- Habitación doble en hotel de cuatro o cinco estrellas: **desde 200 €**
- Cena en restaurante de categoría: **desde 45 €**
- Taxi al centro: **10-15 €**
- Entrada concierto: **20-90 €**

Moneda
Euro (€)

Idioma
Italiano

Hora local
Horario central europeo (GMT/UTC + 1 h)

DIGITALMAN/ALAMY STOCK PHOTO ©

ROMA PASS

Este pase (romapass.it) incluye transporte público y entrada gratuita o reducida a museos y sitios arqueológicos. Para aprovecharlo al máximo, se recomienda usar las entradas gratis en los sitios más caros.

Cuándo ir

Roma es ideal todo el año, tan agradable en invierno como en las más cálidas, luminosas y concurridas estaciones de primavera, verano y otoño.

La Roma más encantadora se despliega en primavera y otoño, con cielos azules, temperaturas cálidas pero no sofocantes y mercados llenos de productos de temporada, aunque también multitudes y precios de temporada alta. En verano se disparan las temperaturas, los festivales invaden escenarios al aire libre y la ciudad se vacía, sobre todo en torno al 15 de agosto, el famoso Ferragosto. El invierno conlleva ambiente frío, días más cortos, museos más tranquilos y tentadores precios de temporada baja. Semana Santa, Navidades y Año Nuevo son sinónimo de aglomeraciones y precios elevados.

Grandes eventos

21 de abril Roma celebra a lo grande su aniversario, el **Natale di Roma,** con música, procesiones, recreaciones históricas y fuegos artificiales en Via dei Fori Imperiali (p. 50), el Campidoglio y el Circo Máximo.

Junio-septiembre Cada noche de verano la gente se congrega en el río Tíber durante el festival **Lungo il Tevere.** Hay puestos de comida, clubes, bares, restaurantes, cines y pistas de baile a orillas del río y la vida nocturna se echa a la calle.

Octubre Estrellas de Hollywood y del cine italiano pisan la alfombra roja del Auditorium Parco della Musica durante la **Festa del Cinema di Roma,** el festival de cine anual.

Septiembre-diciembre Estrellas internacionales y talentos emergentes actúan en **Romaeuropa** (p. 65), el festival otoñal de teatro, ópera y danza. Los espectáculos, en esce-

Clima

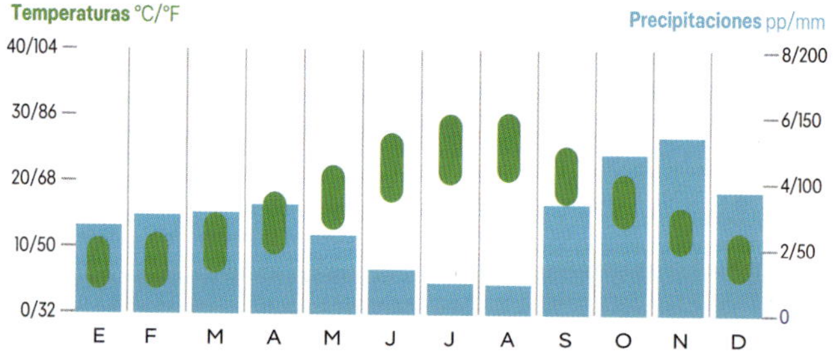

Lungo il Tevere.

narios de toda la ciudad, van desde danza vanguardista hasta eventos multimedia y lecturas.

Conciertos y procesiones religiosas

1 de mayo Cientos de miles de fans llenan Piazza di San Giovanni in Laterano durante el concierto de *rock* **Primo Maggio** (p. 132). Tocan principalmente grupos italianos, pero también hay alguno extranjero.

Finales mayo-mediados agosto Las imponentes ruinas de las Termas de Caracalla (p. 140) constituyen el romántico telón de fondo del **Caracalla Festival,** la temporada estival de ópera, danza, música y cine del Teatro dell'Opera di Roma.

Julio El barrio del Trastévere (p. 153) celebra sus raíces con dos semanas de comida, bebida y plegarias. La **Festa de' Noantri** termina con dos procesiones protagonizadas por la Madonna del Carmine.

5 de agosto Pétalos de rosa caen sobre los participantes en la Basilica di Santa Maria Maggiore (p. 117) de la **Festa della Madonna di Neve,** que conmemora una nevada milagrosa en el s. IV.

CONSEJOS SOBRE ALOJAMIENTO

La elevada demanda significa que Roma es universalmente cara, así que es mejor reservar con antelación. Los precios bajan de noviembre a marzo (excepto Navidad y Año Nuevo) y de mediados de julio a finales de agosto. En primavera y otoño tocan techo.

Cómo llegar

Lo habitual es llegar en avión a uno de los dos aeropuertos de la ciudad: Leonardo da Vinci (alias Fiumicino) o Ciampino. También hay trenes y autobuses de largo recorrido.

Del aeropuerto al centro

En tren

El **Leonardo Express** va directamente desde Fiumicino hasta la estación Termini en unos 30 min. Sale cada 30 min de 5.38 a 23.53. El precio del billete es de 14 €.

El **FL1** conecta Fiumicino con las estaciones de Trastévere, Ostiense y Tiburtina. Sale cada 15 min (cada 30 min do y fest) de 5.57 a 23.27.

El servicio de autobús/tren **Ciampino Airlink** incluye un breve trayecto en autobús a la estación de trenes de Ciampino, desde donde hay un tren directo a Termini. El servicio funciona de 6.15 a 23.30, cuesta 2,70 € y tarda 45 min.

En autobús

SIT Bus, Rome Airport Bus, TAM (Fiumicino) y Terravision (Ciampino) ofrecen servicio regular a Termini todo el día. Cotral gestiona servicios nocturnos cada hora a Fiumicino y Atral ofrece dos autobuses nocturnos a Ciampino. El billete cuesta 5-7 € y el trayecto dura 40 min-1 h a cualquiera de los aeropuertos.

En taxi

La tarifa fija al centro (zona dentro de las murallas aurelianas) cuesta 50/31 € desde Fiumicino/Ciampino. Hay que calcular 45 min-1 h desde Fiumicino y 30 min desde Ciampino, según el tráfico.

Otros puntos de entrada

Stazione Termini

Los trenes procedentes de otros países europeos, las principales ciudades italianas y muchas pequeñas ciudades llegan a la estación principal de Roma. Trenitalia e Italo gestionan los servicios nacionales de alta velocidad. Desde la estación se puede conectar con el metro o el autobús desde Piazza dei Cinquecento, justo delante. También hay taxis frente a la entrada/salida principal.

Autostazione Tibus

Los autobuses de largo recorrido nacionales e internacionales llegan a la estación principal de autobuses. Desde la terminal, se cruza el paso elevado hasta la estación, donde se puede enlazar con la línea B del metro a Termini.

Cómo desplazarse

Roma es una ciudad en expansión, pero la acción se concentra principalmente en dos áreas centrales que pueden visitarse a pie fácilmente. Para distancias más largas hay autobuses, tranvías y una red de metro de tres líneas y un tren suburbano. También hay taxis y, para los más intrépidos, patinetes eléctricos. El vehículo compartido no está muy extendido, y sale caro.

Metro

Suele ser más rápido que el transporte de superficie, pero es limitado y actualmente solo dos líneas principales (A y B) pasan por el centro y se cruzan en Termini. La línea A es ideal para los principales puntos de interés como la Fontana di Trevi (Barberini), la escalinata de Piazza di Spagna (Spagna) y San Pedro (Ottaviano-San Pietro), mientras que la línea B va al Coliseo y el Foro Romano (Colosseo). Los trenes circulan de 5.30 a 23.30 (1.30 vi y sa).

Autobús

Llegan a casi todos los rincones de la ciudad, pero pueden ser lentos, según el tráfico. Los populares nº 40 y 64 (que van de Termini a las cercanías del Vaticano por el centro histórico) suelen ir abarrotados. En general, circulan de 5.30 a 24.00, con servicio limitado durante la noche. La estación principal de autobuses está enfrente de la estación Termini, pero también hay nodos importantes en Largo di Torre Argentina y Piazza Venezia.

DESDE LA IZDA.: NEKOMURA/SHUTTERSTOCK ©, STEFANO TAMMARO/SHUTTERSTOCK ©

'APP' ESENCIAL

Probus Rome (en inglés) ofrece un planificador de rutas e información de los autobuses en tiempo real.

Tranvía

La red es limitada. Las líneas más útiles para el visitante son la nº 3, que conecta el parque de Villa Borghese con San Giovanni, Testaccio y el Trastévere, y la 8, que discurre entre Piazza Venezia y el Trastévere.

Taxi

Es práctico para trayectos cortos por el centro y de noche. Los taxis autorizados son blancos con un signo de taxi en el techo, y funcionan con taxímetro, excepto los trayectos a/del aeropuerto que tienen un precio fijo. Se pueden parar por la calle, pero es mejor ir a una parada, llamar o usar *app* como 060609 o FREENOW.

A pie

Es la mejor forma de desplazarse por el centro histórico. Las distancias no son grandes y así se descubren mejor las evocadoras calles.

Patinete eléctrico

Están por todas partes y se pueden alquilar a través de *app* como Dott y Lime. Suele costar 1 € desbloquearlos más unos 0,25 €/min. Pero habrá que lidiar con el infernal tráfico de Roma y las calzadas irregulares.

Información práctica

Billetes y pases

Son válidos en todas las líneas de autobús, tranvía y metro, excepto las rutas a los aeropuertos de Fiumicino o Ciampino.

- El billete más básico es el BIT, un billete sencillo válido durante 100 min en todos los medios de transporte, pero solo un trayecto en metro.
- Para realizar varios trayectos, se puede comprar el MULTIBIT, una especie de tarjetas recargable en la que se pueden cargar entre 2 y 10 BIT.
- Si se usa el transporte público más de cuatro veces en un día, se ahorrará con este pase 24 h. Hay pases similares de 48/72 h. Ofrecen viajes ilimitados dentro de los límites de la ciudad desde el momento en que se valida el billete. Para estancias más largas, se puede comprar el pase semanal (CIS).
- El Roma Pass (48/72 h 32/52 €) ofrece transporte público gratis, además de entradas gratis o con descuento en museos y sitios históricos
- Los menores de 10 años viajan gratis.

Compra de billetes

Los venden en *tabacchi* (estancos), quioscos, taquillas y máquinas expendedoras en las principales paradas de autobús y estaciones de metro.

También se puede viajar sin billete de papel/plástico, con el sistema Tap & Go, pasando la tarjeta de crédito/débito “contactless” por la máquina de validación del autobús o el torniquete del metro, esperar la luz verde y pasar.

Validación del billete

Hay que hacerlo en el primer uso. Las máquinas de validación están a bordo de los autobuses y tranvías, y en los andenes de las estaciones de trenes. Si se inserta el billete en la barrera de la estación de metro queda automáticamente validado.

PRECIOS

Billete Roma 24 h
7 €

Carrera media en taxi por el centro
10-15 €

Alquiler de patinete eléctrico
1 € más 0,25 €/min

IMPAGO DEL BILLETE

Los viajeros sin billete validado se enfrentan al pago de una multa desde 55 €.

BILLETES

Estos son los más útiles.

Tipo de billete	Precio (€)
BIT (billete sencillo, válido 100 min)	1,50
MULTIBIT (tarjeta recargable)	3-15
Roma 24 h (billete 24 h)	7
Roma 48 h (billete 48 h)	12,50
Roma 72 h (billete 72 h)	18
CIS (billete semanal)	24

ZONAS TARIFARIAS

El precio del billete depende más del tiempo que de la distancia. Las zonas solo son aplicables si se viaja fuera de la ciudad a la región periférica de Lazio, donde se aplica un sistema de precios por zonas.

Otra cara de Roma

Desde gatos y adoquines hasta obeliscos e ilusiones ópticas, Roma esconde muchos ases bajo la manga.

Arte callejero

En Roma, no todo son frescos renacentistas y esculturas barrocas. En la década del 2010, surgieron murales por toda la ciudad y la tendencia se extendió a barrios menos concurridos como **Ostiense** (p. 146), donde el artista Blu causó sensación con sus diseños en un antiguo cuartel militar y Federico Massa alegró un edificio de siete pisos con una garza gigante. Estos y otros murales de **Testaccio** (p. 135), **Garbatella** y **San Lorenzo** (p. 122), siguen formando parte del paisaje urbano.

Adoquines romanos

Llamados *sampietrini,* son una característica distintiva del paisaje urbano romano. Se usaron por vez primera en el s. XVI para pavimentar la zona alrededor de la **plaza de San Pedro** (p. 81) –de ahí el nombre– y todavía hoy cubren grandes zonas del centro. Pero no gustan a todos; los motoristas se quejan porque son irregulares, los peatones resbalan cuando están mojados y los residentes se lamentan del ruido de los coches cuando pasan. Recientemente, se han incorporado unos adoquines de latón, llamados "piedras de tropiezo", en el **Trastévere** (p. 153) y el **gueto judío** (p. 65) para conmemorar a las víctimas del holocausto romano.

Amigos felinos

No hace falta ir al zoo para ver animales salvajes en Roma. Famosa por sus gatos, las ruinas antiguas ofrecen un refugio seguro a estas toleradas colonias de felinos. Es bien sabido que 80 o más gatos callejeros rondan alegremente por las ruinas del templo de **Largo di Torre Argentina** (p. 65), cuidados por voluntarios de un santuario gatuno. Hay más colonias en el **Cimitero Acattolico per gli Stranieri** (p. 142) en Testaccio y por la **Porta Magica** (p. 111) y Piazza Vittorio Emanuele II.

Ilusiones ópticas

En Roma, no todo es siempre lo que parece. Hay una serie de curiosas ilusiones ópticas, como la célebre columnata del **Palazzo Spada** (p. 66) que parece mucho más larga de lo que es en realidad. Igual de engañosa es la cúpula del s. XVII pintada en el techo de la **Chiesa di Sant'Ignazio di Loyola.** Y para una visión insólita de una cúpula de verdad, en el **Giardino degli Aranci** (p. 142) hay que mirar hacia la cúpula

NMESSANA/ISTOCK ©

Piedras de tropiezo, gueto judío.

SOPHIE LENOIR/SHUTTERSTOCK ©

Gatos, Largo di Torre Argentina.

MATTEO GABRIELI/SHUTTERSTOCK ©

Basílica de San Pedro vista desde Villa del Priorato di Malta.

MARCOBRIVIO.PHOTOGRAPHY/SHUTTERSTOCK ©

Convento dei Cappuccini.

de San Pedro que, curiosamente, parece empequeñecer cuanto más se avanza hacia ella.

Obeliscos

Aunque más asociados al antiguo Egipto, los obeliscos son comunes en Roma. Muchos fueron traídos de Egipto tras la conquista de Augusto en el 31 y solían decorar la *spina* (espina) de las arenas de carreras de cuadrigas. Más tarde, los romanos empezaron a construirlos para sus mausoleos.

El más alto, y uno de los más antiguos, del s. XV a.C., se eleva 46 m sobre la **Piazza di San Giovanni in Laterano.** El más curioso se encuentra encima de la estatua *Elefantino* de Bernini frente a la **Basilica di Santa Maria Sopra Minerva** (p. 63).

Agua potable gratis

Visitar la ciudad es cansado. Por suerte, abunda el agua potable gratis por toda la ciudad, cortesía de unas 2500 fuentes conocidas como *nasoni* (narizotas). Introducidas en la década de 1870, estas fuentes de hierro colado ofrecen un flujo constante de refrescante *acqua potabile* (agua potable) con la que se puede rellenar la botella o beber directamente; para hacerlo, hay que tapar el pitorro principal y beber el agua del orificio en la parte superior de la boquilla. Las hay en **Piazza della Rotonda** y **Piazza Navona** (p. 62), entre otros lugares.

Bares clandestinos

Por la noche, si se busca un local tranquilo con un ambiente relajado y una exquisita selección de cócteles, lo mejor es un bar clandestino. Inspirados en los bares secretos de la época de la ley seca en EE UU, estos bares íntimos están por toda la ciudad, normalmente ocultos tras unas puertas lisas. Dos de los mejores son el **Jerry Thomas Project** (p. 69) y el **Keyhole** (p. 165) en el Trastévere.

FUERA DE RUTA

- Admirar esculturas antiguas frente a la maquinaria industrial en **Centrale Montemartini,** un museo de arte clásico en una central eléctrica desmantelada. (p. 147)
- Husmear por un antiguo vertedero en un circuito por el **monte Testaccio,** una colina artificial hecha de esquirlas de cerámica. (p. 143)
- Obtener la vista más perfectamente enmarcada de Roma mirando por el agujero de la cerradura de **Villa del Priorato di Malta.** (p. 142)
- Estremecerse ante la visión de miles de calaveras y huesos en el profundamente extraño **Convento dei Cappuccini.** (p. 101)
- Curiosear entre trastos *vintage,* moda barata, antigüedades y arte en el **mercado dominical de Porta Portese.** (p. 161)

Explora Roma

Merece la pena

Circuitos a pie

Basílica de San Pedro (p. 81).
SFABISUK/GETTY IMAGES ©

Sugerencias de lugares para comer, beber y comprar en **p. 51**

Explora
Roma antigua

Al sur del centro histórico, este monumental distrito alberga las ruinas más épicas y los lugares más emblemáticos de la ciudad: el Coliseo, el Palatino (donde todo empezó con Rómulo y Remo), el Foro Romano y Vittoriano. Por supuesto, es una zona turística y, aunque está muy concurrida por la mañana, de noche es tranquila, con poca vida nocturna. Siendo realistas, lo más probable es cruzarse con otros visitantes, pero también es posible toparse con escenas de la vida local: corredores en los circuitos del Circo Máximo, estudiantes universitarios acelerados de camino a clase en la colina del Oppio o periodistas esperando al alcalde fuera del ayuntamiento en la colina Capitolina.

Cómo desplazarse

Metro

La línea B (azul en los mapas) para en Colosseo (Coliseo) y Circo Máximo, desde donde se puede seguir a pie. Desde Termini, hay que seguir las señalizaciones de la línea B "*direzione* Laurentina".

Autobús

Las líneas n° 40, 64, 170, 916 y H paran en Piazza Venezia o cerca, a poca distancia de los principales puntos de interés. El n° 87 pasa por Via dei Fori Imperiali entre el Coliseo y Vittoriano.

'Loba capitolina', Museos Capitolinos (p. 49).
OLYASOLODENKO/GETTY IMAGES ©

LO MEJOR

Evocar el bramido de la multitud en el **COLISEO** (p. 41).

Recorrer las ruinas palaciegas del **PALATINO** (p. 49), donde vivían los emperadores romanos.

Admirar el arte clásico de los **MUSEOS CAPITOLINOS** (p. 49).

Viajar al pasado en el **FORO ROMANO** (p. 45).

CIRCUITO A PIE

Vestigios de la Roma antigua

Corazón de la *caput mundi* (capital del mundo), Roma antigua acapara muchos de los monumentos más icónicos de la ciudad. Este circuito relámpago atraviesa las míticas ruinas de Roma y pasa por imprescindibles como el Coliseo, el Foro Romano y el Palatino, siguiendo los pasos de antiguos emperadores y senadores.

INICIO	FINAL	DURACIÓN
Coliseo	Vittoriano	2 km; 3 h

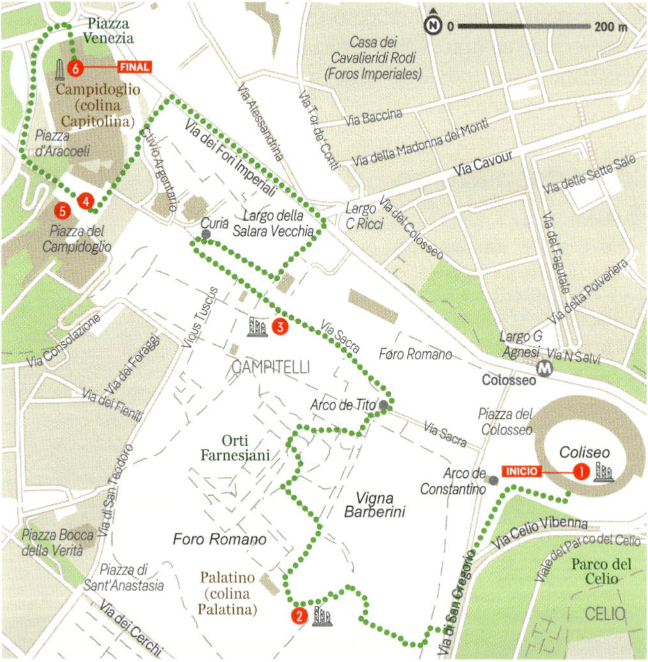

1 Inicio grandioso

Se empieza en el **Coliseo** (p. 41), la imponente arena que condensa, más que ningún otro monumento, el dramatismo de Roma antigua. Espectacular obra de ingeniería, este estadio con aforo para 50000 espectadores fue inaugurado por Tito en el año 80 con un sangriento conjunto de juegos que duró 100 días.

2 Lugar de nacimiento de Roma

Desde el Coliseo, Via di San Gregorio lleva al **Palatino** (p. 49). Aquí fue donde, según la leyenda, Rómulo fundó la ciudad y donde vivían los emperadores junto a la flor y nata de la sociedad. Aún se pueden explorar las ruinas del palacio imperial y admirar las sensacionales vistas sobre el Foro Romano desde los Orti Farnesiani (jardines de Farnesio).

3 Centro neurálgico del Imperio

Bajando desde el Palatino, se entra en el **Foro Romano** (p. 45) por el arco de Tito, uno de los magníficos arcos de triunfo de Roma. En la Antigüedad, este hervidero de juzgados, templos, *piazze* y tiendas era el centro neurálgico del imperio. Las vírgenes vestales vivían aquí y los senadores debatían los asuntos de Estado en la Curia.

4 Piazza en la colina

Se sale del Foro por Largo della Salara Vecchia en dirección a **Piazza del Campidoglio,** diseñada por Miguel Ángel. Considerada una de las plazas más hermosas de la ciudad, se asienta sobre el Campidoglio (colina Capitolina), el corazón espiritual de la antigua ciudad y una de las siete colinas sobre las que se fundó Roma.

5 Arte icónico

A ambos lados de la *piazza,* dos majestuosos *palazzi* (mansiones) albergan los **Museos Capitolinos** (p. 49). Los museos públicos más antiguos del mundo, creados en 1471 por Sixto IV, custodian una importante galería de pintura y una impresionante colección de escultura clásica, incluida la icónica *Loba capitolina,* una loba de bronce amamantando a Rómulo y Remo.

6 Un macizo de mármol

Tras la visita a los museos, al lado se erige la mole de mármol blanco que alberga el **Vittoriano** (p. 49). Monumento conmemorativo de la unificación italiana inaugurado en 1911, merece la pena explorar la inmensa estructura y contemplar las soberbias panorámicas que ofrece. Lo mejor es la vista de 360º desde lo alto (accesible en ascensor).

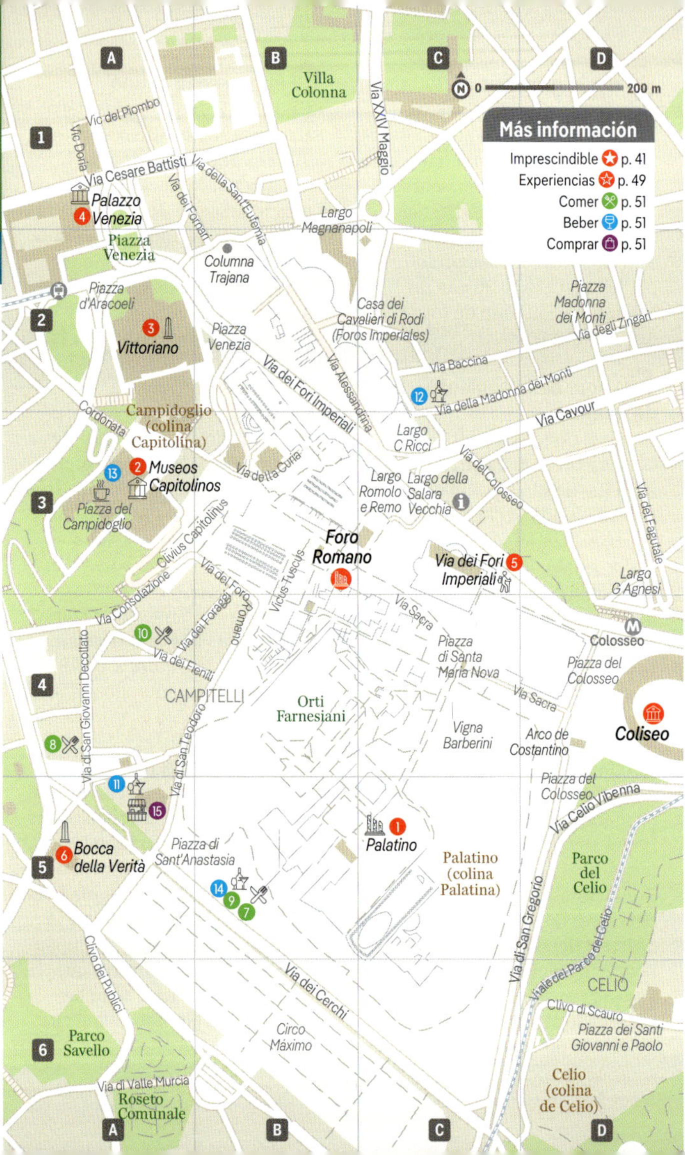
A
B
C
D
0
200 m
Más información
Imprescindible p. 41
Experiencias p. 49
Comer p. 51
Beber p. 51
Comprar p. 51
1
2
3
4
5
6
Villa Colonna
Via XXIV Maggio
Vic del Piombo
Vic Doria
Via Cesare Battisti
Via della Sant'Eufemia
Via dei Fornari
Palazzo Venezia
Piazza Venezia
Columna Trajana
Largo Magnanapoli
Piazza d'Aracoeli
Vittoriano
Piazza Venezia
Casa dei Cavalieri di Rodi (Foros Imperiales)
Piazza Madonna dei Monti
Via degli Zingari
Via Baccina
Via della Madonna dei Monti
Via Cavour
Via dei Fori Imperiali
Via Alessandrina
Largo C Ricci
Cordonata
Campidoglio (colina Capitolina)
Museos Capitolinos
Piazza del Campidoglio
Via della Curia
Largo Romolo e Remo
Largo della Salara Vecchia
Via del Colosseo
Via del Fagutale
Clivius Capitolinus
Foro Romano
Vicus Tuscus
Via dei Fori Imperiali
Largo G Agnesi
Via Consolazione
Via del Foro Romano
Via dei Foraggi
Via Sacra
Colosseo
Via dei Fienili
Piazza di Santa Maria Nova
Piazza del Colosseo
Via Sacra
Via di San Giovanni Decollato
CAMPITELLI
Orti Farnesiani
Coliseo
Via di San Teodoro
Vigna Barberini
Arco de Costantino
Piazza del Colosseo
Via Celio Vibenna
Palatino
Bocca della Verità
Piazza di Sant'Anastasia
Palatino (colina Palatina)
Parco del Celio
Via di San Gregorio
Viale del Parco del Celio
Clivo dei Publici
Via dei Cerchi
CELIO
Clivo di Scauro
Piazza dei Santi Giovanni e Paolo
Parco Savello
Circo Máximo
Via di Valle Murcia
Roseto Comunale
Celio (colina de Celio)

★ IMPRESCINDIBLE

Coliseo

Electrizante y estremecedor, es el monumento antiguo más arrebatador de Roma. Aquí los gladiadores se batían a muerte y los prisioneros luchaban contra bestias salvajes frente a un público extasiado. Dos mil años más tarde, sigue siendo la atracción más visitada de la ciudad.

Historia

El emperador Vespasiano encargó el anfiteatro en el año 72. Pero no vivió para verlo terminado, algo de lo que se encargó su hijo y sucesor, Tito, ocho años más tarde. Para celebrar la inauguración, el emperador organizó unos juegos que duraron 100 días con sus noches, en los que se sacrificaron unos 5000 animales.

El estadio, con aforo para 50 000 personas, se llamaba originalmente Anfiteatro Flavio, por el apellido de Vespasiano (Flavio), y aunque se trataba del lugar más imponente de Roma, no era el más grande, honor que correspondía al Circo Máximo. Y el nombre, acuñado por vez primera en la Edad Media, no hacía referencia a su tamaño, sino al Colosso di Nerone, una gigantesca estatua de Nerón que estaba allí cerca.

Durante unos cinco siglos, el Coliseo acogió juegos de gladiadores y elegantes espectáculos de agrado general, a menudo para celebrar aniversarios importantes y victorias militares. Los combates de gladiadores fueron finalmente prohibidos por ley en el s. v, pero los espectáculos con animales prosiguieron hasta mediados del s. vi.

Tras la caída del Imperio romano, el lugar quedó abandonado. Sirvió de fortaleza en el s. xii y más tarde saquearon sus nobles materiales de construcción.

PLANO: P. 40 **D4**

CONSEJO

Hay que prever cerca de 1 h para visitar el interior del Coliseo. Se recomienda hacerlo a primera o última hora del día, cuando hace más fresco y la luz es mejor para hacer fotos.

Escanea este código QR para más detalles prácticos.

KETKARN SAKULTAP/GETTY IMAGES ©

Más recientemente, la contaminación y las vibraciones por el tráfico también han hecho estragos. Para contrarrestarlo, el monumento fue sometido a una reforma general entre el 2014 y el 2016, el primero en sus 2000 años de vida. Los trabajos siguen en curso, y en julio del 2023 se abrieron al público por vez primera varias zonas subterráneas restauradas.

UNA PAUSA
Al este del Coliseo, se puede disfrutar de un saciante almuerzo en el **Divin Ostilia** (p. 133), un acogedor bar de vinos con una carta clásica.

Exterior

Incluso sin entrar se puede tener una buena visión de la estructura. Los **muros exteriores,** que se elevan 48,5 m, tienen tres niveles de arcos, enmarcados por columnas rematadas por capitales de orden jónico, dórico y corintio. Originalmente estaban revestidos de travertino, y los nichos del segundo y tercer nivel tenían estatuas.

El nivel superior, adornado con ventanas cuadradas y finas pilastras corintias, soportaba 240 mástiles que sujetaban un gigantesco toldo sobre la arena. Al nivel del suelo, **80 arcos de entrada,** llamados vomitorios, permitían a los espectadores acceder y sentarse en cuestión de minutos.

Tribunas

Una vez dentro, unas empinadas escaleras llevaban al 1er y 2º pisos. Desde aquí, se puede ver la **arena** parcialmente reconstruida y las áreas subterráneas. En el 2º piso, también hay una pequeña **exhibición** sobre la historia del lugar y un balcón panorámico sobre el **arco de Constantino.**

La **cávea,** para los asientos de los espectadores, se dividía en rangos sociales: los altos funcionarios se sentaban en los niveles inferiores, los ciudadanos acaudalados, en el centro, y la plebe, en los sectores más elevados. Las mujeres (excepto las vírgenes vestales) quedaban relegadas a las secciones más económicas en lo más alto. Las entradas estaban numeradas y los espectadores tenían asignado un asiento específico en un sector concreto; en el 2015, los restauradores descubrieron restos de números rojos en los arcos, señal de que los sectores estaban numerados. El **podio,** una amplia terraza frente al tercer nivel de asientos, estaba reservado al emperador, los senadores y personajes importantes. Los tres anillos superiores, llamados conjuntamente el **Belvedere,** están cerrados por obras de restauración.

Arena

Accesible con la entrada Full Experience, tenía originalmente un suelo de madera cubierto de arena (*harena* en latín, de ahí el nombre) para evitar que los luchadores resbalaran y absorbiera la sangre derramada.

Unas compuertas conducían a las cámaras y pasajes subterráneos bajo de la arena, el hipogeo.

CONSEJOS SOBRE ENTRADAS

Como la demanda de entradas siempre es alta, conviene reservar con suficiente antelación, incluso con meses para la temporada alta. Hay varios tipos de entradas, como la estándar de 24 h (16 €) y la Full Experience (22 €). Más información en colosseo.it o coopculture.it. Se pueden conseguir entradas el mismo día (sujeto a disponibilidad) en la taquilla de Piazza del Colosseo (pago solo con tarjeta de crédito/débito).

Secciones subterráneas

El **hipogeo** era la zona entre bastidores del estadio, donde se preparaban los escenarios y se reunían los luchadores, humanos y animales, antes del espectáculo. Los gladiadores entraban desde la cercana Ludus Magnus (escuela de gladiadores) por un pasillo subterráneo, que se abrió al público por vez primera en verano del 2023. Un segundo túnel, el **Passaggio di Commodo,** permitía entrar al emperador sin pasar entre las masas.

Para elevar a las personas, animales y escenarios a la arena, había una sofisticada red de 80 montacargas con cabestrantes, controlados por un único sistema de poleas.

Las visitas a las zonas subterráneas solo se incluyen en la entrada Full Experience.

TED HOROWITZ PHOTOGRAPHY/GETTY IMAGES ©

★ IMPRESCINDIBLE

Foro Romano

La joya de la corona de Roma antigua es una zona rebosante de templos, basílicas y espacios públicos. Estas ruinas son de lo más impresionante, pero también un poco confusas, así hay que recurrir a la imaginación (y/o un buen guía) para visualizar el conjunto en todo su esplendor.

Historia

El yacimiento, que originalmente era un cementerio pantanoso, empezó a desarrollarse en el s. VII a.C., convirtiéndose con el tiempo en el centro político, religioso y comercial del Imperio romano.

Como muchas de las obras urbanas de Roma antigua, cayó en el olvido tras la caída del imperio hasta que finalmente quedó reducido a zona de pasto. En la Edad Media, el lugar era conocido como Campo Vaccino (campo vacuno) y fue ampliamente despojado de sus piedras y mármoles. La zona fue sistemáticamente excavada en los ss. XVIII y XIX, pero los trabajos siguen en la actualidad.

Arco de Tito y Basilica di Massenzio

Si se entra desde el Coliseo, el arco de Tito queda justo enfrente. Este monumento marcial, que supuestamente inspiró el Arco de Triunfo de París, fue construido por Domiciano en el 81 d.C. para conmemorar las victorias de su hermano Tito en Judea y el saqueo de Jerusalén en el 70.

A la derecha del arco está la basílica de Majencio. Iniciada por el emperador Majencio y terminada por Constantino en el 315, esta estructura colosal medía originalmente 100 x 65 m, aproximadamente tres veces lo que ocupa ahora.

PLANO: P. 40 **B3**

CONSEJO
A modo orientativo, hay que preven 1-1½ h para visitar el complejo, preferiblemente pronto por la mañana o a última hora de la tarde.

Escanea este código QR para más información y horarios.

0 100 m
Piazza del Campidoglio
Via di San Pietro in Carcere
Via di Tulliano
Entrada
Via della Curia
Curia
Arco de Septimio Severo
Via dei Fori Imperiali
Largo C Ricci
Via Cavour
Via del Colosseo
Via Frangipane
Largo della Salara Vecchia
Basilica Fulvia Aemilia
Via della Salara Vecchia
Entrada
Via del Tempio della Pace
Via del Colosseo
Colonna di Foca
Piazza del Foro
Templo de Saturno
Vía Sacra
Templo de Antonino y Faustina
Templo de Julio César
Templo de Rómulo
Basilica Giulia
Templo de Cástor y Pólux
Basilica di Massenzio
Via dei Fori Imperiali
Via del Foro Romano
Templo de Vesta
Via Sacra
Vicus Tuscus
Via Consolazione
Casa delle Vestali
Chiesa di Santa Maria Antiqua
Via dei Foraggi
Via del Foro Romano
Via dei Fienili
Orti Farnesiani
Arco de Tito
Entrada

Vía Sacra y templos

Desde la basílica, la Vía Sacra, calle principal del Foro, conduce al corazón del yacimiento, donde se encuentran los principales templos.

Se pasa por el **templo de Rómulo,** circular, y, más allá, el **templo de Antonino y Faustina,** columnado, un templo del s. II que posteriormente se convirtió en iglesia. Enfrente, el **templo de Julio César** (también llamado templo del Divo Giulio) se erige en el lugar donde Julio César fue incinerado en 44 a.C.

Allí cerca, tres columnas blancas es todo lo que queda del **templo de Cástor y Pólux,** del s. V a.C. Al lado, están los restos del **templo de Vesta,** venerable santuario cuya llama sagrada mantenían encendida las vírgenes vestales que vivían en la adyacente **casa de las Vestales.**

UNA PAUSA
Se puede tomar un café reparador en la colina Capitolina (Campidoglio), en **Terrazza Caffarelli** (p. 51), la terraza panorámica del bar de los Museos Capitolinos.

Chiesa di Santa Maria Antiqua

Enclavada en el extremo más alejado del Foro, esta iglesia del s. VI es la más antigua e importante del yacimiento. Una joya del arte paleocristiano, el templo contiene exquisitos frescos de los ss. VI-IX y una pintura colgante de la Virgen María con el niño, uno de los iconos más antiguos que se conocen.

Desde dentro de la iglesia, se puede acceder a la **rampa de Domiciano,** un pasaje subterráneo usado por los emperadores para acceder al Foro desde los Palacios Palatinos.

SITIOS SÚPER
Algunos monumentos del Foro solo pueden visitarse con la entrada Full Experience (22 €) o el Forum Pass Super (16 €): el templo de Rómulo, la Chiesa di Santa Maria Antiqua y la Curia.

Arco de Septimio Severo y Curia

Uno de los monumentos más distintivos del Foro, de 23 m de altura y construido en el año 203, es un homenaje a las victorias de Séptimo Severo sobre los partos.

A la derecha del arco, la Curia era la sede original del Senado romano. Gran edificio similar a un granero, fue reconstruido varias veces y la versión actual

SBORISOV/GETTY IMAGES ©

es una reproducción de 1937 de como debió ser durante el reinado de Diocleciano (c. 284-305).

LAS MEJORES VISTAS
Desde el Palatino (p. 49; acceso incluido en la entrada del Foro), o la colina Capitolina, las vistas del Foro son impresionantes.

Templo de Saturno y alrededores

Al otro lado del arco, sobreviven ocho columnas de granito del importante templo de Saturno, que hacía las veces de erario romano.

Delante del arco, una solitaria **Colonna di Foca** (columna de foca) se erige sobre lo que antaño fue la plaza mayor, Piazza del Foro.

Flanqueando la *piazza*, están los restos de dos grandes basílicas: en el lado de la Vía Sacra, la **Basilica Fulvia Aemilia,** y en el lado del Palatino, la **Basilica Giulia,** encargada por Julio César y terminada por Augusto.

EXPERIENCIAS

Explorar ruinas palaciegas en el Palatino YACIMIENTO ARQUEOLÓGICO

PLANO: 1 P. 40 **C5**

Erigiéndose sobre el Foro Romano, el Palatino (o colina Palatina) es la cuna de Roma, una vasta extensión de imponentes pinos, ruinas majestuosas y vistas inolvidables. Las excavaciones han desenterrado vestigios de asentamientos de la Edad del Hierro, aunque ahora está cubierta en gran parte por los restos de un **palacio imperial** del s. I a.C.

Las ruinas son difíciles de descifrar, pero aun así resulta emocionante explorar la frondosa cima, admirando el **estadio,** la Domus Flavia y la Domus Augustana (las partes públicas y privadas del palacio). Se obtienen vistas espectaculares sobre el Foro Romano desde los **Orti Farnesiani** (jardines de Farnesio) del s. XVI.

Hay que prever unas 3 h para recorrer el Palatino y el Foro (incluidos en la misma entrada, pues constituyen un yacimiento unificado).

Encontrar la loba de los Museos Capitolinos MUSEO

PLANO: 2 P. 40 **A3**

De 1471, son los museos públicos más antiguos de la ciudad. La colección de escultura clásica, una de las mejores de Italia, complementa a la perfección los tesoros arqueológicos que se muestran en los foros cercanos. Entre las obras más célebres, hay una famosa representación de Rómulo y Remo siendo amamantando una loba, la llamada *Loba capitolina,* y el *Gálata morente,* un emotivo retrato de un guerrero galo moribundo.

En la 2ª planta del **Palazzo dei Conservatori** (el primero de los dos palacios del museo), también hay una formidable galería de pintura, con obras de Tiziano, Tintoretto, Rubens y Caravaggio.

Admirar las vistas desde el Vittoriano MONUMENTO

PLANO: 3 P. 40 **A2**

Tanto sus amantes como sus detractores (entre ellos muchos romanos) estarán de acuerdo en que

RÓMULO Y REMO

Según la leyenda, los fundadores de Roma fueron criados en el Palatino por un pastor, Fáustulo, después de que una loba los salvara de la muerte. Luego, los mellizos se pelearon y Rómulo mató a Remo antes de fundar la ciudad en 753 a.C. En el 2007 se descubrió una cueva en el lugar y algunos expertos alegaron que era el Lupercal, allí donde los antiguos romanos creían que Rómulo y Remo habían sido amamantados por la loba. En la parte suroeste de la colina, entre varias cabañas de la Edad del Hierro, la Casa Romuli es donde según la leyenda vivió Rómulo en el s. VIII a.C.

el Vittoriano (Altare della Patria o Altar de la Patria) ofrece una estampa impresionante. Elevándose sobre Piazza Venezia, esta colosal mole blanca se inauguró en 1911 en homenaje al primer rey de Italia, Víctor Manuel II.

Desde sus balcones de mármol, la mayoría de libre acceso, las vistas son excepcionales, pero hay que pagar nada menos que 17 € para visitar el **Museo Centrale del Risorgimento** que alberga (dedicado a la unificación italiana) y acceder a la **Terraza Panorámica,** que ciertamente ofrece las vistas de 360º más espectaculares de la ciudad.

Maravillarse ante las joyas renacentistas del Palazzo Venezia MUSEO

PLANO: 4 P. 40 A1

El más antiguo de los grandes palacios renacentistas de Roma es este del s. xv, ideal para escapar de la muchedumbre. El patio de libre acceso es un verde oasis de paz, y su museo, el **Museo Nazionale del Palazzo Venezia,** sigue fuera del radar turístico, a pesar de su fascinante colección de pintura, cerámica, armas y armaduras bizantinas y del Renacimiento temprano.

Durante siglos, este palacio albergó la embajada de Venecia –de ahí su nombre–, pero actualmente más bien se asocia con Mussolini que, como es bien sabido, lanzaba sus discursos desde el balcón de la **Sala del Mappamondo** (sala del Mapamundi).

Pasear por Via dei Fori Imperiali CALLE

PLANO: 5 P. 40 C3

En algún momento, el viajero se encontrará caminando por Via dei Fori Imperiali, la calle prácticamente peatonal que conecta el Coliseo con Piazza Venezia. Gran parte del extremo del Coliseo está actualmente flanqueada por obras, pero el extremo superior ofrece un fantástico mirador gratis para admirar los foros, el Foro Romano (p. 45) a la izquierda y los **Foros Imperiales** a la derecha. Más a la derecha, se pueden ver los **Mercati di Traiano** (mercados de Trajano), de ladrillo rojo, que ahora albergan un excelente museo, y la distintiva **Columna Trajana.**

Detectar mentiras en la Bocca della Verità MONUMENTO

PLANO: 6 P. 40 A5

Si se busca una foto de vacaciones genuinamente romana, hay que posar en la Boca de la Verdad. Dice la leyenda que, si se cuenta una mentira con la mano en la Boca, en realidad parte del rostro barbudo tallado en un gigantesco disco de mármol, esta se cerrará y morderá la mano.

Esta mítica boca se encuentra en el pórtico de la **Chiesa di Santa Maria in Cosmedin,** normalmente al final de una larga cola de impacientes fotógrafos.

Lo mejor para...

Localizaciones en el plano de la **p. 40**

€ Económico €€ Medio €€€ Alto

Comer

Cocina romana e italiana

Osteria Circo €€
7 B5
Frente al Circo Máximo, esta agradable *osteria* está especializada en cocina romana. *12.00-15.30 y 19.00-23.30*

47 Circus Roof Garden €€€
8 A3
Con románticas vistas del Aventino, este restaurante en la azotea del Forty Seven Hotel constituye un escenario de ensueño con cocina mediterránea y *aperitivi* vespertinos (desde 16.00). *12.30-15.30 y 19.00-22.30*

Ristorante Ad Hoc €€€
9 B5
Sofisticado restaurante, en un *palazzo* del s. XVI en el Circo Máximo, de cocina contemporánea italiana y mediterránea con vinos del país. *19.00-22.45 vi-mi*

De pícnic

Alimentari Pannella Carmela €
10 A4
En este pequeño colmado se puede comprar un *panino* (bocadillo), una porción de *pizza* o una ensalada. *8.30-14.30 y 17.00-20.00, cerrado sa tarde y do*

Beber

Cócteles y vistas

Rhinoceros RoofBar
11 A5
Inspiradoras vistas y cócteles artesanos en este *lounge-bar* de azotea, que ocupa dos terrazas de un hotel. *18.00-1.00*

American Bar
12 C2
Con un mar de románticas ruinas a sus pies, este bar en la azotea del majestuoso Hotel Forum es un lugar memorable para disfrutar del *aperitivo* vespertino. *16.00-24.00 lu-vi, desde 13.30 sa y do*

Terrazza Caffarelli
13 A3
Inspiradoras vistas con un delicioso café en el bar de los Museos Capitolinos. Se puede acceder desde Piazzale Caffarelli (sin pagar entrada) o desde dentro del museo. *9.30-19.00*

0,75
14 B5
Ideal para tomar una copa, un *aperitivo* al atardecer o una comida informal, este tranquilo bar del Circo Máximo atrae una multitud joven internacional. *10.30-2.00*

Comprar

Alimentos y vino

Mercato Campagna Amica al Circo Massimo
15 A5
Este mercado semanal ofrece productos del Lazio y el centro del país. Hay quesos, conservas, salsas caseras, miel, aceite de oliva, vino, etc. *8.00-15.00 sa y do*

Sugerencias de lugares para comer, beber y comprar en **p. 67**

Explora 'Centro storico'

El apretado laberinto de calles adoquinadas, palacios renacentistas y *piazze* barrocas del centro histórico es la Roma que muchos visitantes buscan. El Panteón y Piazza Navona son sus atracciones principales, pero por los alrededores, y sin tener que buscarlos, se despliegan numerosos monumentos, museos e iglesias, muchos de ellos custodios de obras de Miguel Ángel, Caravaggio o Bernini, entre otros. Pero no todo es alta cultura, por estas teatrales calles y románticos rincones también abunda la diversión, con tiendas, cafés, *trattorie* y bares. Solo hay que elegir un calzado cómodo (los adoquines matan los pies) y sobrellevar con humor las inevitables pérdidas de rumbo y las constantes interferencias de las aglomeraciones.

Cómo desplazarse

Autobús

Es la mejor forma de acceder al *centro storico.* Toda una flota conecta la zona desde Termini, incluidos los n° 40 y 64, que paran en Largo di Torre Argentina y siguen por Corso Vittorio Emanuele II.

Metro

No llega a la zona, pero las paradas de Barberini, Spagna y Flaminio de la línea A quedan cerca a pie.

Tranvía

El n° 8 para en Via Arenula en su ruta de Piazza Venezia al Trastévere.

Piazza Navona (p. 62).
NICOLA FORENZA/SHUTTERSTOCK ©

LO MEJOR

Contemplar la maravilla arquitectónica que es el **PANTEÓN** (p. 60).

Pasear por la **PIAZZA NAVONA** (p. 62), con sus fuentes espectaculares.

En la **GALLERIA DORIA PAMPHILJ** (p. 64) admirar obras maestras.

Estudiar a Caravaggio en la **CHIESA DI SAN LUIGI DEI FRANCESI** (p. 63).

CIRCUITO A PIE

'Piazze' del centro histórico

El apretado *centro storico* disfruta de algunas de la *piazze* más famosas de la ciudad, pero también de otras menos conocidas e igualmente bonitas. Cada una tiene su impronta, pero sumadas condensan buena parte de la belleza, historia y magnificencia de Roma. Este circuito permite descubrir no solo las mejores de ellas, sino también la vibrante vida callejera de la zona.

INICIO	FINAL	DURACIÓN
Largo di Torre Argentina	Piazza Farnese	2,4 km; 3 h

1 Antigua escena del crimen

El paseo arranca en **Largo di Torre Argentina,** una bulliciosa plaza dispuesta alrededor de las ruinas sumergidas de cuatro templos de los tiempos de la República. En el lado oeste, el Teatro Argentina (p. 65) se asienta cerca de donde Julio César fue asesinado en los Idus de Marzo del 44 a.C.

2 Un Miguel Ángel menor

Se toma Via dei Cestari hasta Piazza della Minerva y la querida escultura del *Elefantino*. Detrás, la **basílica gótica de Santa Maria Sopra Minerva** (p. 63) protege un hermoso cielo estrellado y una escultura de Miguel Ángel.

3 Cúpula falsa

Se sigue por Via Santa Caterina da Siena, Via del Piè di Marmo y Via di Sant'Ignazio hasta Piazza di Sant'Ignazio Loyola, donde la jesuita **Chiesa di Sant'Ignazio di Loyola** (p. 63) exhibe una cúpula falsa y un alucinante fresco en trampantojo en el techo.

4 Monumento icónico

Un corto paseo por Via del Seminario lleva hasta Piazza della Rotonda, donde el **Panteón** (p. 60) no necesita presentación. Este antiguo edificio, el mejor preservado de la antigua Roma, es todo un icono, con su sorprendente cúpula e interior de mármol.

5 Enfrentamiento barroco

Desde el Panteón, hay que seguir las señalizaciones hasta **Piazza Navona** (p. 62). Aquí se pueden comparar los dos genios del barroco romano, Gian Lorenzo Bernini, creador de la Fontana dei Quattro Fiumi, y Francesco Borromini, autor de la Chiesa di Sant'Agnese in Agone.

6 Rafael en miniatura

Pocos pasos al oeste, bajando por Vicolo della Pace, aguarda la encantadora y minúscula **Chiesa di Santa Maria della Pace,** famosa por el fresco de Rafael de *Sibilas y Ángeles* (c. 1515).

7 Vida en el campo

Hacia el sur, cruzando Corso Vittorio Emanuele II se llega al **Campo de' Fiori** (p. 65), centro neurálgico de la vida romana con su pintoresco mercado diario y bulliciosa oferta de bares.

8 Frescos sorprendentes

Más allá del Campo, Piazza Farnese es una refinada plaza dominada por el renacentista **Palazzo Farnese** (p. 64). Este magnífico palacio, sede de la embajada francesa, esconde varios frescos magníficos, que supuestamente nada tienen que envidiar a la Capilla Sixtina.

CIRCUITO A PIE

Ocio en el centro histórico

No solo los visitantes se enamoran de las románticas *piazze* y las calles adoquinadas del centro; a los romanos también les gusta pasear, ir de compras, tomar algo, ver una exposición o simplemente quedar con los amigos por la zona. Este circuito desvela sus calles más cautivadoras y encantos ocultos.

INICIO	FINAL	DURACIÓN
I Dolci di Nonna Vicenza	Ponte Sant'Angelo	1,6 km; 2½ h

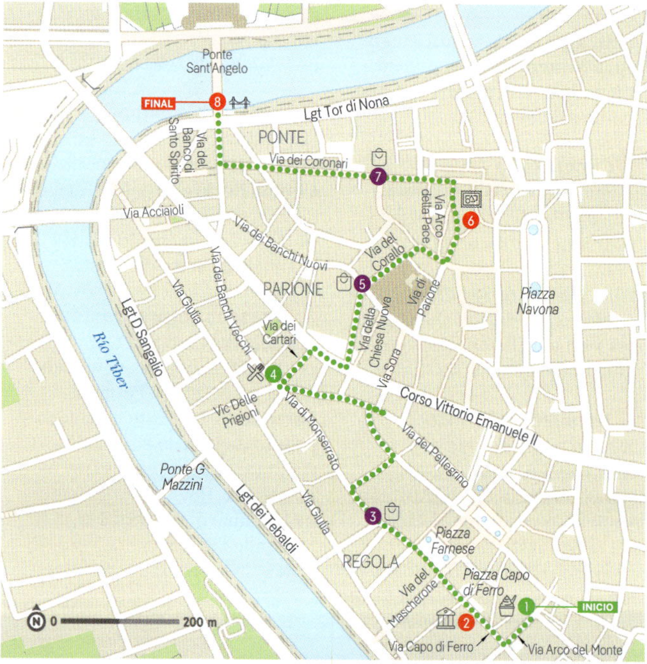

1 Dulce comienzo

Para empezar con un buen subidón, **I Dolci di Nonna Vincenza** (p. 67) tiene una gran selección de dulces, incluidos unos sublimes *cannoli* rellenos de cremoso *ricotta*.

2 Ilusión óptica

A continuación, se toma Via Capo di Ferro hasta el **Palazzo Spada** (p. 66). En él se encuentra la famosa ilusión óptica del s. XVII, una larga columnata hasta un patio que parece tres veces más larga de lo que en realidad es. La estatua de Marte al final, que parece de tamaño real en la distancia, solo tiene 60 cm.

3 Curiosear por tiendas de lujo

Desde el palacio, se llega a Piazza Farnese y **Via di Monserrato,** una tranquila calle flanqueada de estudios, galerías y talleres (de marcos antiguos incl.). Merece la pena la tienda conceptual Chez Dede en el nº 35 y la de moda L'Archivio di Monserrato en el nº 150.

4 Comida callejera clásica

Para picar algo, se puede seguir por Via dei Banchi Vecchi, donde se encuentra el **Supplizio** (p. 67), un sofisticado lugar de comida para llevar especializado en *supplì* (albóndigas de arroz fritas).

5 Calle típica

Tras recuperar fuerzas, se cruza Corso Vittorio Emanuele II hasta **Via del Governo Vecchio,** la calle del 'CENTRO STORICO' por excelencia. Antaño flanqueada por oficinas del Gobierno, ahora está llena de tiendas de moda, *vintage* y de comida para llevar, y de bares.

6 Claustro renacentista

En el extremo este de la calle, se sube por Via di Parione hasta el **Chiostro di Bramante,** una obra maestra de la arquitectura renacentista y marco incomparable para exhibiciones de arte moderno.

7 Vía antigua

Un poco más al norte está **Via dei Coronari,** donde antes se vendían rosarios *(corone)* y los prelados alojaban a sus amantes. Ahora rebosa de tiendas de antigüedades y espacios exclusivos como la perfumería romana Essenzialmente Laura en el nº 57.

8 Puente monumental

Siguiendo Via dei Coronari hasta **Piazza di Ponte,** se obtienen vistas sobre el río Tíber. La *piazza* era un lugar de ejecución pública y los cuerpos de las víctimas adornaban el puente de Sant'Angelo, ahora custodiado por dos estatuas de san Pedro (izda.) y san Pablo (dcha.) y 10 ángeles.

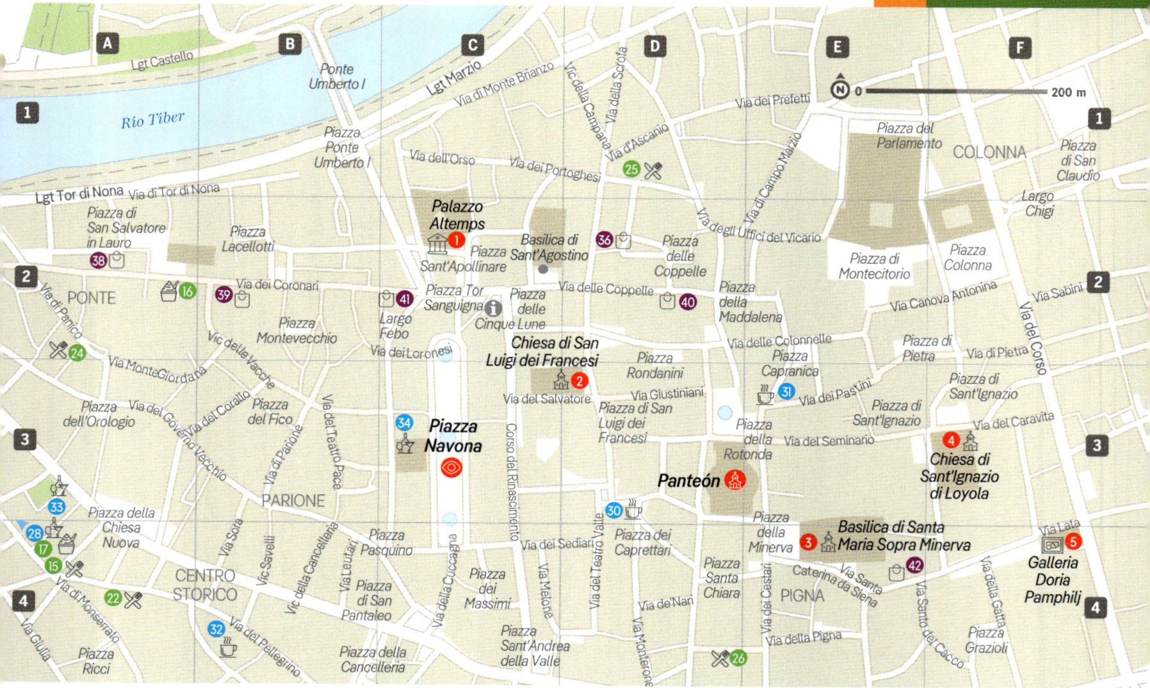
A
B
C
D
E
F
1
2
3
4
0
200 m
Lgt Castello
Ponte Umberto I
Lgt Marzio
Via di Monte Brianzo
Vic della Campana
Via della Scrofa
Via dei Prefetti
Río Tiber
Piazza Ponte Umberto I
Via dell'Orso
Via dei Portoghesi
Via d'Ascanio
Via di Campo Marzio
Piazza del Parlamento
COLONNA
Piazza di San Claudio
Largo Chigi
Lgt Tor di Nona
Via di Tor di Nona
Piazza di San Salvatore in Lauro
Piazza Lacellotti
Palazzo Altemps
Piazza Sant'Apollinare
Basilica di Sant'Agostino
Piazza delle Coppelle
Via degli Uffici del Vicario
Piazza di Montecitorio
Piazza Colonna
PONTE
Via di Panico
Via dei Coronari
Piazza Tor Sanguigna
Piazza delle Cinque Lune
Via delle Coppelle
Piazza della Maddalena
Via Canova Antonina
Via Sabini
Via del Corso
Piazza Montevecchio
Largo Febo
Vic delle Vacche
Via dei Loronesi
Chiesa di San Luigi dei Francesi
Via delle Colonnelle
Piazza Capranica
Piazza Rondanini
Piazza di Pietra
Via di Pietra
Via MonteGiordana
Via del Salvatore
Via Giustiniani
Via dei Pastini
Piazza di Sant'Ignazio
Piazza dell'Orologio
Via del Governo Vecchio
Via del Corallo
Piazza del Fico
Via del Teatro Pace
Piazza Navona
Corso del Rinascimento
Piazza di San Luigi dei Francesi
Piazza della Rotonda
Via del Seminario
Via del Caravita
Chiesa di Sant'Ignazio di Loyola
Via di Parione
PARIONE
Panteón
Piazza della Chiesa Nuova
Via Sora
Vic Savelli
Vic della Cancelleria
Via Leutari
Piazza Pasquino
Via della Cuccagna
Via dei Sediari
Via del Teatro Valle
Piazza dei Caprettari
Piazza della Minerva
Basilica di Santa Maria Sopra Minerva
Via Lata
Galleria Doria Pamphilj
CENTRO STORICO
Piazza di San Pantaleo
Piazza dei Massimi
Via Melone
Piazza Santa Chiara
Via dei Cestari
PIGNA
Via Santa Caterina da Siena
Via Santo del Cacco
Via della Gatta
Via de'Nari
Via di Monserrato
Via Giulia
Piazza Ricci
Via del Pellegrino
Piazza della Cancelleria
Piazza Sant'Andrea della Valle
Via Monterone
Via della Pigna
Piazza Grazioli
1
2
3
4
5
15
16
17
22
24
25
26
28
30
31
32
33
34
36
38
39
40
41
42

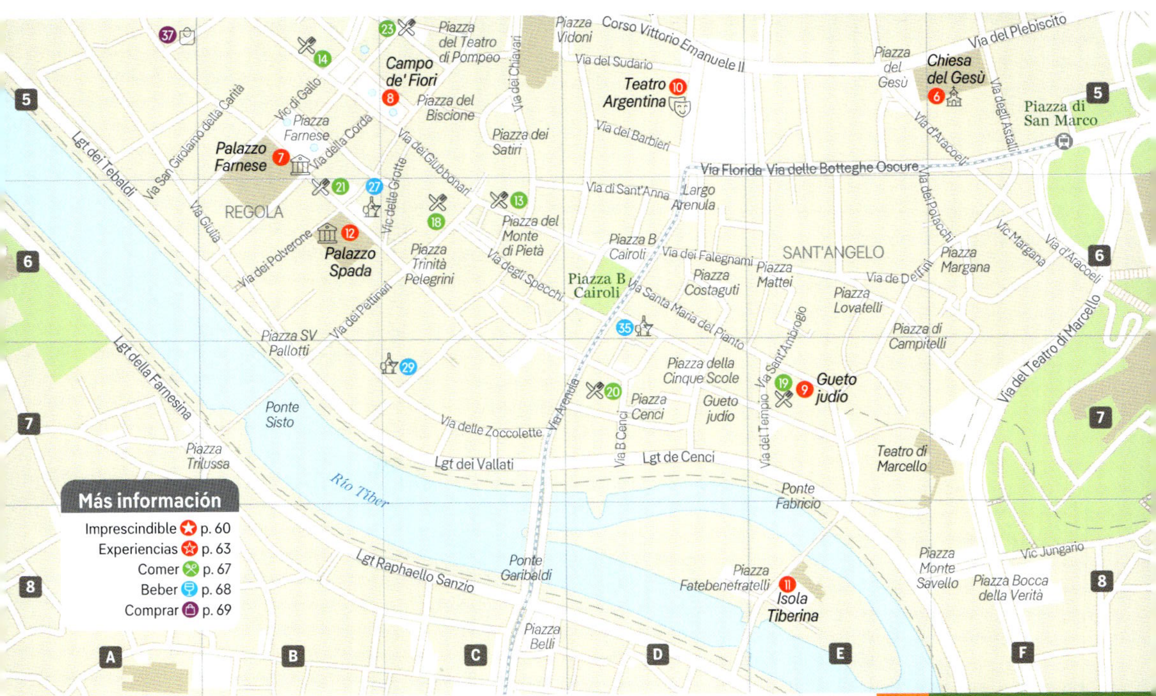

Campo de' Fiori
Piazza del Teatro di Pompeo
Piazza Vidoni
Corso Vittorio Emanuele II
Via del Sudario
Teatro Argentina
Via dei Barbieri
Via dei Chiavari
Piazza del Biscione
Piazza dei Satiri
Piazza del Gesù
Chiesa del Gesù
Via del Plebiscito
Via degli Astalli
Piazza di San Marco
Via d'Aracoeli
Via Florida
Via delle Botteghe Oscure
Via dei Polacchi
Vic Margana
Piazza Margana
Via de Delfini
SANT'ANGELO
Piazza Lovatelli
Piazza di Campitelli
Via del Teatro di Marcello
Vic di Gallo
Piazza Farnese
Via della Corda
Palazzo Farnese
Via San Girolamo della Carità
Lgt dei Tebaldi
Via Giulia
REGOLA
Via dei Polverone
Palazzo Spada
Vic delle Grotte
Via dei Giubbonari
Piazza del Monte di Pietà
Via di Sant'Anna
Largo Arenula
Piazza B Cairoli
Via dei Falegnami
Piazza Mattei
Piazza Costaguti
Via degli Specchi
Via Santa Maria del Pianto
Piazza Trinità Pelegrini
Via dei Pettinari
Piazza SV Pallotti
Lgt della Farnesina
Piazza Trilussa
Ponte Sisto
Via delle Zoccolette
Via Arenula
Piazza della Cinque Scole
Via Sant'Ambrogio
Gueto judío
Via B Cenci
Piazza Cenci
Via del Tempio
Lgt dei Vallati
Lgt de Cenci
Teatro di Marcello
Río Tíber
Ponte Fabricio
Lgt Raphaello Sanzio
Ponte Garibaldi
Piazza Fatebenefratelli
Isola Tiberina
Piazza Monte Savello
Vic Jungario
Piazza Bocca della Verità
Piazza Belli
Más información
Imprescindible p. 60
Experiencias p. 63
Comer p. 67
Beber p. 68
Comprar p. 69

★ IMPRESCINDIBLE

Panteón

Este asombroso templo de 2000 años, en la actualidad una iglesia, es el monumento antiguo mejor preservado de Roma. Su exterior gris lleno de agujeros quizá aparenta su edad, pero sigue siendo emocionante cruzar sus puertas para ver la cúpula de hormigón no reforzada más grande jamás construida.

PLANO: P. 58 **D3**

CONSEJO
En torno al mediodía se puede ver el sol atravesando el óculo. De noche, la silueta del edificio se recorta ante el azulado cielo nocturno.

Escanea este código QR para más información práctica y horarios.

Historia

En su forma actual, data de aprox. el año 125. Fue construido por el emperador Adriano sobre un templo levantado por Marco Agripa en el 27 a.C. El templo de Adriano estaba dedicado a los dioses paganos, de ahí el nombre de Panteón, una derivación de las palabras griegas *pan* (todos) y *theos* (Dios), pero en el 608 fue consagrado como iglesia cristiana y adquirió el nombre que todavía tiene oficialmente, basílica de Santa María de los Mártires.

En el Renacimiento, fue un edificio muy admirado; Miguel Ángel lo estudió antes de diseñar la cúpula de la basílica de San Pedro, y se convirtió en una importante sala funeraria.

Exterior

El monumental **pórtico de entrada** está formado por 16 columnas de 11,8 m de altura que soportan un frontón triangular. Detrás de las columnas, dos puertas de bronce de 20 toneladas –restauraciones de las originales del s. XVI– se abren a la rotonda central.

Poco queda de la decoración original, aunque los remaches y orificios en la obra de ladrillo indican dónde hubo paneles de revestimiento de mármol.

Interior y cúpula

Gracias a la luz que se filtra por del **óculo** (el orificio de 8,7 m de diámetro de la cúpula), el interior cilíndrico revestido de mármol parece enorme.

VLADISLAV ZOLOTOV/GETTY IMAGES ©

Frente a la entrada se erige el **altar mayor** de la iglesia, sobre el que cuelga la imagen del s. VII de la Virgen con el Niño. A la izquierda están las **tumbas** del artista Rafael, el rey Humberto I y su esposa, Margarita Teresa de Saboya. Al otro lado de la rotonda está la del rey Víctor Manuel II.

Coronándolo todo está la cúpula, considerada el mayor logro arquitectónico de la Roma antigua. Su armonioso aspecto se debe a una precisa simetría, con un diámetro exactamente igual a la altura interior del edificio, 43,4 m. En el centro, el óculo ejerce una función estructural vital absorbiendo y redistribuyendo las enormes fuerzas tensoras de la cúpula.

Desde el óculo irradian cinco filas de **artesones.** Originalmente estaban decorados, pero, aún más importante, servían para reducir el inmenso peso de la cúpula.

UNA PAUSA
Las calles de los alrededores están llenas de *trattorie,* cafés y bares. Para un *espresso* revitalizador, la **Casa del Caffè Tazza d'Oro** (p. 68) es uno de los mejores cafés de Roma.

★ IMPRESCINDIBLE

Piazza Navona

A poca distancia del Panteón, esta es la plaza más refinada del centro. Elegante fantasía de fuentes monumentales, palacios barrocos y cafés en las aceras, Navona siempre ha sido un centro de vida ciudadana y atrae a una pintoresca selección de artistas, vendedores callejeros y turistas.

PLANO: P. 58 **C3**

CONSEJO
Para ver la plaza en su máximo esplendor, es mejor ir a primera hora, antes de que lleguen las masas, o al anochecer, con las fuentes iluminadas.

Escanea este código QR para saber más sobre la historia y el pasado de la *piazza*.

Stadio di Domiziano

Como muchos monumentos romanos, la *piazza* se asienta sobre un antiguo monumento, en este caso el estadio de Domiciano, del s. I, cuyas ruinas subterráneas pueden visitarse desde Via di Tor Sanguigna. Solía acoger competiciones de atletismo, de ahí el nombre de Navona, una corrupción de la palabra griega *agon,* que significa juegos públicos. Cayó en desuso, y no fue hasta principios del s. XV cuando se pavimentó para trasladar aquí el mercado central.

Fuentes

La ostentosa pieza central es la **Fontana dei Quattro Fiumi** (fuente de los Cuatro Ríos) de Gian Lorenzo Bernini. Terminada en 1651, presenta un obelisco egipcio y unas potentes personificaciones de los ríos Nilo, Ganges, Danubio y Plata, que representan los cuatro continentes entonces conocidos.

En el extremo sur de la plaza, la **Fontana del Moro** fue diseñada por Giacomo della Porta en 1576. En el extremo norte, la **Fontana del Nettuno** fue añadida en el s. XIX.

Edificios notables

Dominando el flanco occidental de la plaza, la **Chiesa di Sant'Agnese in Agone** fue diseñada por el venerado arquitecto barroco Francesco Borromini. Al lado, el **Palazzo Pamphilj,** del s. XVII, alberga la embajada brasileña.

EXPERIENCIAS

Admirar esculturas en el Palazzo Altemps

MUSEO

PLANO: 1 P. 58 C2

Al norte de Piazza Navona, el Palazzo Altemps (cerrado lu), del s. xv, alberga lo mejor de los formidables fondos de escultura clásica del **Museo Nazionale Romano.** Muchas piezas proceden de la célebre colección amasada por el cardenal Ludovico Ludovisi en el s. xvii. Las obras más interesantes son el Trono Ludovisi, del s. v, y el *Gálata suicida,* una melodramática representación de un guerrero galo suicidándose sobre una mujer muerta.

Se puede comprar una entrada combinada (12 €, validez una semana), que incluye también las Termas de Diocleciano y el Palazzo Massimo alle Terme (p. 115).

Triplete de Caravaggio en la Chiesa di San Luigi dei Francesi

IGLESIA

PLANO: 2 P. 58 D3

Con tantas iglesias de libre acceso ricamente ornamentadas, no hace falta gastar ni un céntimo para ver obras maestras de grandes artistas. Y pocos nombres pueden hacer sombra al de Caravaggio, la oveja negra del barroco del s. xvii en Roma. Su célebre trío: *La vocación de san Mateo, El martirio de san Mateo* y *San Mateo y el ángel,* se exhibe para disfrute de los paseantes en la iglesia de San Luigi dei Francesi, cerca de Piazza Navona.

Allí cerca, la renacentista **Basilica di Sant'Agostino** contiene otra importante obra de Caravaggio, *La Virgen de los peregrinos,* entre otros tesoros.

Maravillarse con la Basilica di Santa Maria Sopra Minerva

BASÍLICA

PLANO: 3 P. 58 E4

La apreciada escultura del elefante de Bernini anuncia la presencia de esta basílica cerca del Panteón. Desde fuera, la única iglesia gótica de Roma parece bastante contenida, pero su interior supera en suntuosidad la norma local. Bajo el elevado techo estrellado se observan frescos del s. xv de Filippino Lippi y las tumbas de varias celebridades, incluidos tres papas, el devoto pintor Fra Angelico y Catalina de Siena (salvo su cabeza). A la izquierda del altar, destaca la escultura *Cristo resucitado,* de Miguel Ángel.

Maravillarse ante el engaño artístico de la Chiesa di Sant'Ignazio di Loyola

IGLESIA

PLANO: 4 P. 58 F3

Los artistas barrocos de Roma eran maestros de la ilusión óptica, como se aprecia bien en esta iglesia jesuita, situada en una deliciosa *piazza* rococó, famosa por dos célebres frescos en trampantojo de Andrea Pozzo (1642-1709). Uno asemeja astutamente una cúpula falsa, mientras que el otro, en el techo principal, muestra a san Ignacio de Loyola recibido en el paraíso. Para obtener mejores vistas de esta vertiginosa obra, hay que mirar a través de los espejos o situarse en el punto amarillo en el suelo de la nave. Un segundo disco de mármol marca el mejor lugar para mirar hacia arriba.

Disfrutar del gran legado familiar en la Galleria Doria Pamphilj MUSEO

PLANO: 5 P. 58 **F4**

Escondida tras el gris exterior de un palacio del s. xv en Via del Corso, esta galería alberga una de las colecciones privadas más ricas de la ciudad, con obras de Rafael, Tiziano, Caravaggio y Velázquez, además de varios maestros flamencos. Está llena de obras maestras, como el famoso retrato de Velázquez del papa Inocencio X, pero lo que realmente distingue a esta galería es la audioguía gratis narrada por Jonathan Pamphilj, un aristócrata romano que se crio en el *palazzo*. La visita dura 1½ h.

Regocijarse entre los sagrados tesoros de la Chiesa del Gesù IGLESIA

PLANO: 6 P. 58 **F5**

La iglesia de Jesús, cerca de Piazza Venezia, es una hipnotizante exhibición de opulencia barroca. El templo jesuita más importante de Roma presenta un dinámico fresco abovedado de Giovanni Battista Gaulli (alias Il Baciccia) y la elegante tumba de Ignacio de Loyola, el soldado y santo español que fundó la Compañía de Jesús en 1540, obra del artista Andrea del Pozzo. San Ignacio vivió aquí desde 1544 hasta su muerte en 1556 y actualmente se pueden visitar sus estancias privadas a la derecha de la iglesia principal.

Descubrir los frescos celestiales del Palazzo Farnese EDIFICIO HISTÓRICO

PLANO: 7 P. 58 **B5**

Este palacio, actualmente sede de la embajada francesa, es uno de los edificios renacentistas más hermosos de Roma, terminado en 1589. Con vistas sobre la *piazza* homónima, varios estelares arquitectos renacentistas trabajaron en su construcción, como Antonio da Sangallo el joven, Miguel Ángel y Giacomo della Porta. En su interior, su lujosa decoración culmina en un sorprendente techo de Annibale y Agostino Carracci que para algunos nada tiene que envidiar a la Capilla Sixtina de Miguel Ángel. Eso sí, habrá que hacer la visita guiada de 1 h para poder verlo y juzgarlo uno mismo, pues normalmente permanece cerrado al público. Más información en visite-palazzofarnese.it.

Pasear por el Campo de' Fiori

PIAZZA

PLANO: 8 P. 58 **C5**

Pasear por una bulliciosa *piazza* es la actividad por excelencia de Roma. Y la vida en esta no puede ser más arrebatadora. Colorida, ruidosa y siempre festiva, la plaza alberga un famoso mercado durante el día, con puestos que venden de todo, desde delicias de temporada hasta baratijas turísticas; y de noche, sus restaurantes y bares se llenan de visitantes extranjeros y jóvenes locales.

En medio de todo este alboroto, se erige la estatua de un monje con capucha. Es el filósofo Giordano Bruno, que fue quemado por hereje aquí en 1600.

Explorar el gueto judío

HISTORIA JUDÍA

PLANO: 9 P. 58 **E7**

En torno a la animada Via del Portico d'Ottavia, este es un evocador puñado de talleres de artesanos, tiendas originales, panaderías *kosher* y populares *trattorie*. En el corazón del vecindario está la principal sinagoga de Roma, con su característica cúpula cuadrada y un museo que narra la historia judía de la ciudad. Al pasear por el barrio, hay que buscar los pequeños adoquines de latón. Estas "piedras de tropiezo" marcan el lugar donde vivieron las víctimas del Holocausto antes de ser deportadas, cada una grabada con el nombre de la víctima y las fechas de su detención y muerte.

Asistir a un espectáculo en el Teatro Argentina

TEATRO

PLANO: 10 P. 58 **D5**

Un buen lugar para pasar una agradable velada cultural. Con vistas sobre las ruinas romanas sumergidas en **Largo di Torre Argentina** (donde Julio César fue asesinado), el teatro ha sido el centro de la escena cultural romana desde su inauguración en 1732. Presenta una amplia programación de obras tradicionales y contemporáneas (casi siempre en italiano), así como espectáculos de danza y conciertos de música clásica. Una buena ocasión para visitarlo es durante el **Romaeuropa,** el festival de teatro, ópera y danza de otoño.

COMUNIDAD JUDÍA DE ROMA

Es una de las más antiguas de Europa, del s. II a.C. Los primeros judíos llegaron como enviados comerciales, pero muchos otros lo hicieron después como esclavos por las guerras romanas de Judea y la victoria de Tito en Jerusalén en el año 70. Al aumentar la población, también lo hicieron los prejuicios y en 1555 el papa Pablo IV dictó una ley que confinaba a los judíos a un barrio amurallado, el Ghetto. La pobreza y las enfermedades asolaron el barrio, pero, irónicamente, ese confinamiento garantizó que los judíos retuvieran su identidad cultural.

CENTRO NEURÁLGICO POLÍTICO DE ITALIA

La vida política y parlamentaria de Italia se concentra en tres palacios del *centro storico*. Con vistas a Piazza Colonna, el Palazzo Chigi (governo.it), del s. XVI, es la residencia oficial del primer ministro. Al lado, en Piazza Montecitorio, el Palazzo di Montecitorio (camera.it), barroco y diseñado por Bernini, alberga la Cámara de los Diputados. A poca distancia de Piazza Navona, el Palazzo Madama (senato.it) acoge el Senado. Los *palazzi* Chigi y Montecitorio se pueden visitar con circuitos guiados; consúltese los sitios web respectivos para más información. Los circuitos del Palazzo Madama se habían suspendido en el momento de preparar esta guía.

Ir al cine en el río Tíber FESTIVAL

PLANO: 11 P. 58 **E8**

La isla del río Tíber, la **Isola Tiberina,** supone un entorno memorable a la temporada veraniega de cine al aire libre. Entre junio y septiembre, la **Isola del Cinema** acoge películas, coloquios, clases magistrales y entrevistas. Incluye un interesante programa de películas independientes, documentales y éxitos internacionales, algunos en versión original.

Se puede acceder a la isla desde el gueto judío por el **Ponte Fabricio** (62 a.C.), el más antiguo de Roma, o desde el Trastévere por el **Ponte Cestio** (44 a.C.).

Sorprenderse en el Palazzo Spada EDIFICIO HISTÓRICO

PLANO: 12 P. 58 **B6**

Para ver una desconcertante obra en perspectiva, se puede visitar la acertadamente llamada Prospettiva (Perspectiva) de Francesco Borromini. Lo que parece una larga columnata hasta un seto y una estatua de tamaño natural, es en realidad un pasillo de solo unos 10 m y una escultura que no llega a la altura de la cadera. Y hay que mirar más de cerca el seto de líneas perfectas; Borromini no se fiaba de que los jardineros crearan un seto de verdad con la suficiente precisión, así que hizo el suyo de piedra.

La Prospettiva está en el Palazzo Spada, un hermoso palacio manierista con una pequeña colección de arte compuesta por obras de Andrea del Sarto, Guido Reni, Guercino y Tiziano.

SUGERENCIAS

Lo mejor para...

€ Económico €€ Medio €€€ Alto

Localizaciones en el plano de la p. 54

Comer

Comida callejera y tentempiés

Antico Forno Roscioli €
13 C6
Residentes y visitantes se agolpan en esta panadería por sus porciones de *pizza,* pastas y *supplì* (albóndigas de arroz). Se recomienda ir en torno al mediodía para evitar las colas del almuerzo. *7.30-20.00 lu-sa, desde 8.00 do*

Forno Campo de' Fiori €
14 B5
Ideal para comer mientras se pasea, esta bulliciosa panadería en el Campo de' Fiori vende deliciosos *panini* y *pizza al taglio* (en porciones) recién elaborados. *8.00-14.30 y 16.30-19.30 lu-sa*

Supplizio €
15 A4
Las *supplì* fritas son la estrella de este puesto de comida *gourmet* para llevar, servidas a la manera clásica (rellenas de tomate, carne y mozzarella fundida) y en varias alternativas. *12.00-15.30 y 17.00-21.30 lu-sa*

Helado y bollería

Gelateria del Teatro €
16 A2
Fabulosa *gelateria* con sabores clásicos como pistacho y avellana, pero también con creaciones a base de ingredientes de temporada de calidad. *10.30-23.00*

Neve di Latte €
17 A4
Sus helados naturales, con frutas de temporada y excelentes ingredientes regionales, crean adicción. Dos clásicos son el de chocolate y el de plátano. *11.00-122.00 ma-ju, 12.00-23.00 vi-do*

I Dolci di Nonna Vincenza €
18 C6
Esta tradicional pastelería-bar trae a Roma el dulzor de Sicilia, con una tentadora selección de ricos postres cremosos y *cannoli* rellenos de ricotta. *7.30-19.00 ma-vi, desde 8.00 sa y do*

'Kosher'

Ba'Ghetto €€
19 E7
En este histórico restaurante del Ghetto preparan platos tradicionales judío-romanos, además de carnes a la parrilla y recetas norteafricanas como falafel, *burik* (pastas saladas) y cuscús. *12.00-23.00 lu-ju y do, 12.00-15.00 vi, 18.00-23.00 sa*

Yotvata €€
20 D7
Uno de los restaurantes judío más tradicionales del Ghetto, con un agradable ambiente, famoso por sus *aperitivos* fritos, platos de pescado y opciones vegetarianas. *12.00-15.30 y 18.30-23.00 lu-ju y do, 12.00-15.00 vi, 18.30-24.00 sa*

Cocina romana

Osteria La Quercia €€
21 B6
En una encantadora plaza cerca de Piazza Farnese, este restaurante informalmente elegante se centra en clásicos del Lazio elaborados con ingredientes procedentes

de pequeños productores. Bodega bien surtida. *12.00-15.30 y 19.00-23.30*

Da Cesare al Pellegrino €€
22 A4
Típica *trattoria* que ofrece excelente cocina tradicional y platos del día de mercado. *12.45-15.00 y 7.45-23.00, mi cerrado*

Grappolo d'Oro €€
23 C5
Esta concurrida pero agradable *trattoria* moderna destaca entre las anodinas opciones en torno al Campo de' Fiori. Mejor ir con hambre para disfrutar de su rica pasta y postres. *12.30-15.00 y 19.00-23.00, mi mediodía cerrado*

Giulio Passami L'Olio €€
24 A2
En una callejuela adoquinada en pleno *centro storico*, este agradable restaurante revestido de madera atrae con sus impecables recetas romanas e impresionante carta de vinos. *12.30-14.30 y 19.30-23.30*

Cocina moderna creativa

Retrobottega €€€
25 D1
La alta cocina se vuelve informal en este restaurante con mesas comunitarias, decoración contemporánea y menús de varios platos. Tiene una zona de bar abierta todo el día. *8.30-24.00 ma-do*

La Ciambella €€€
26 D4
Con su hermoso y luminoso interior (sobre las ruinas de las Termas de Agripa), oferta imaginativa y excelente ubicación, es una elección fantástica para comer cerca del Panteón. *12.00-15.30 y 18.30-23.00 ju-lu*

Beber

Bares de vinos

L'Angolo Divino
27 B6
Un oasis en las callejuelas en torno al Campo de' Fiori, este local con techo de madera ofrece una buena carta de vinos italianos, con tablas de quesos y embutidos. *11.00-15.00 ma-sa y 17.00-1.00*

Il Goccetto
28 A4
Auténtica tienda tradicional de *vino e olio* (vino y aceite) con un interior de madera lleno de botellas, una clientela variada y una fabulosa relación de vinos. *12.00-24.00 ma-sa, desde 17.00 lu*

Rimessa Roscioli
29 C7
Bar de vinos-restaurante que ofrece cenas con maridaje, catas, circuitos y clases. Se puede degustar una cuidada selección de vinos con comida o cenar a la carta. Imprescindible reservar. *17.00-23.00 lu-sa, 12.00-23.00 do*

Café y desayunos

Caffè Sant'Eustachio
30 D3
Modesto pero siempre lleno, en este célebre local cerca del Panteón sirven uno de los mejores cafés de Roma. También venden pastas, café envasado al vacío y regalos. *7.30-1.00 do-ju, hasta 1.30 vi, hasta 2.00 sa*

La Casa del Caffè Tazza d'Oro
31 E3
Café tradicional con bruñidos donde elaboran un excelente café muy cerca del Panteón. Es turístico, pero el *espresso* y otras bebidas de *caffè* nunca defraudan. *7.00-20.00 lu-sa, 10.30-19.30 do*

Barnum Cafe

32 B4

Para los amantes del café, este local moderno-*retro* especializado en desayunos y *brunch* propone mezclas de café perfectas y deliciosos cruasanes y pastas caseros. Cierra a media tarde. *8.00-15.30*

Bares clandestinos y de azotea

Jerry Thomas Project

33

Esta coctelería de culto, un bar clandestino con ambiente de la época de la Ley Seca y contraseña para entrar (consúltese thejerrythomasproject.it), suele aparecer en la lista de *Los 50 mejores bares del mundo*. Se requiere reserva. *21.00-4.30 ma-sa, hasta 15.30 do*

Terrazza Borromini

34 C3

Con vistas de la puesta de sol sobre Piazza Navona desde La Grande Bellezza, el íntimo bar de azotea del restaurante Terrazza Borromini en lo alto de un *palazzo del* s. XVII. Se requiere reserva. *Desde 18.30 verano*

Hey Güey

35 D6

El animado bar con terraza del popular hotel Chapter Roma trae el ambiente mexicano a la silueta urbana de Roma con cactus, tacos y margaritas *frozen. 18.00-24.00 verano*

Comprar

Moda y accesorios

Co.Ro Jewels

36 D2

Diseños artesanales inspirados en la arquitectura de la Ciudad Eterna y realizados con oro, plata, bronce y rutenio brillan en esta elegante joyería. *10.30-19.30 lu-sa*

Chez Dede

37 A5

Exquisita tienda con una cuidada selección de accesorios de diseño *vintage* y contemporáneos, moda, artículos del hogar y libros, así como bolsos exclusivos de lona y piel. *11.00-19.30 lu-sa*

Marta Ray

38 A2

Calzado de mujer discretamente sofisticado, bolsos de diario en los colores del arcoíris y cuero suave son las características de esta marca local. *10.30-19.30 lu-sa*

Essenzialmente Laura

39 B2

Elegante comercio para llevarse a casa un etéreo recuerdo de Roma. Se puede elegir entre los aromas creados por la perfumista Laura Bosetti Tonatto e inspirados en Roma. *11.00-19.00*

A medida

Camiceria Bracci

40 D2

Diminuta sastrería donde confeccionan camisas y trajes a medida a precios algo elevados. Pueden ajustarse a un par de días. *10.00-19.30 lu-sa*

Del Giudice

41 C2

Produce bolsos de piel, carteras, cinturones y accesorios que vende en su atractiva tienda central. Piezas estándar o a medida. *10.30-14.00 y 15.00-19.30 lu-sa*

Chocolate

Confetteria Moriondo & Gariglio

42 E4

Esta histórica tienda cerca del Panteón es una joya, pero de chocolate y en elaboraciones caseras, muchas de ellas según recetas del s. XIX. *9.00-19.30 lu-sa*

Sugerencias de lugares para comer, beber y comprar en **p. 86**

Explora Ciudad del Vaticano, Prati y Borgo

En Prati conviven intelectuales, profesionales y familias entre suficientes sitios rebosantes de color y creatividad, además de infinidad de fantásticos restaurantes, magníficos alojamientos nuevos y algunas de las mejores tiendas de Roma. Y todo a tiro de piedra del innegablemente espectacular Vaticano, con el que el barrio linda en parte. Su trazado urbano es muy distinto del resto de la ciudad, con amplios bulevares y edificios estilo Haussmann. Aquí todo se construyó deliberadamente de espaldas a la Santa Sede como consecuencia de las disputas entre el papa y la clase gobernante italiana. Enmarcado entre San Pedro y el descomunal castillo de Sant'Angelo se halla el pintoresco barrio de Borgo Pio.

Cómo desplazarse

Autobús

Desde Termini, el nº 40 es el más directo al Vaticano; el nº 64 tiene un recorrido similar, pero con más paradas. El nº 81 va a Piazza del Risorgimento vía el centro histórico.

Metro

La línea A para en Ottaviano-San Pietro.

Tranvía

El nº 19 pasa por Piazza del Risorgimento vía San Lorenzo y Villa Borghese.

A pie

Durante el jubileo, hay que prever grandes multitudes, así que podría ser difícil caminar.

'El Juicio Final' de Miguel Ángel, Capilla Sixtina (p. 80).

★

LO MEJOR

Visitar la infinidad de tesoros del **VATICANO** (p. 76).

Ver la *Piedad* de Miguel Ángel en directo en la **BASÍLICA DE SAN PEDRO** (p. 81).

Obtener una nueva perspectiva en **BORGO** (P. 74).

En el **MERCATO TRIONFALE** (p. 85), darle un festín a los sentidos.

CIRCUITO A PIE

Lo mejor de Borgo

El esplendor de Via della Conciliazione salió caro, pues Mussolini tubo que derribar grandes porciones de vecindarios existentes para dejar paso a su épica visión urbana. Lo que queda de aquellos asentamientos antiguos y medievales es el diminuto distrito de Borgo, que, aunque no es muy extenso, tiene el tamaño ideal para dar un agradable paseo.

INICIO	FINAL	DURACIÓN
Jardín del castillo de Sant'Angelo	Piazza del Risorgimento	2 km; 45 min

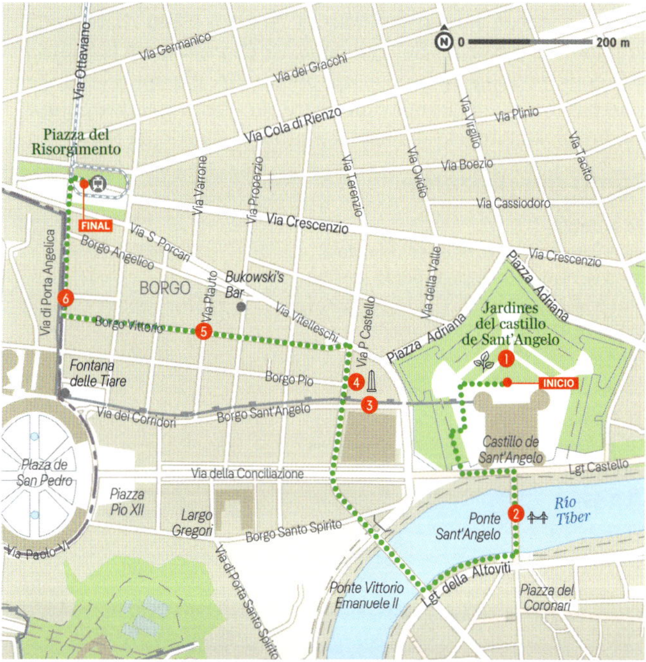

1 Jardines del castillo de Sant'Angelo

El misterioso edificio circular que saluda al visitante al entrar en la Ciudad del Vaticano es fascinante, al igual que el encantador parque que lo rodea, estupendo tanto para dar un paseo como para disfrutar de una merienda.

2 Ponte Sant'Angelo

Los ángeles de Bernini engalanan uno de los puentes más famosos del mundo, además de uno de los más antiguos y resilientes de Roma. De regreso, se cruza el Tíber por el Ponte Vittorio Emanuele II, más reciente pero no menos monumental, que elogia las virtudes de la por entonces Italia recientemente unificada, cuando se construyó en 1911.

3 Passetto di Borgo

Este pasaje del s. XIII conecta la Ciudad del Vaticano con el catillo de Sant'Angelo y servía para trasladar a los papas hasta la fortaleza en épocas de guerra o revueltas, algo bastante frecuente.

4 Fontana delle Palle Cannone

Forma parte de una serie de fuentes artísticas instaladas en Borgo a principios del s. XX. Recibe su nombre debido a las balas de cañón que se lanzaban desde el castillo de Sant'Angelo durante su época como fortaleza militar.

5 Borgo Vittorio

Hermosa calle adoquinada cubierta de hiedra que recorre gran parte del barrio y localización de varias tiendas religiosas muy apreciadas por sacerdotes y monjas. Después de tanta devoción, quizá apetezca el ambiente relajado y un *spritz* bien frío en el Bukowski's Bar en Via degli Umbrellari.

6 Via di Porta Angelica

Se va por esta avenida principal hasta Piazza del Risorgimento, fotografiando de paso la llamativa Fontana delle Tiare, una de las más singulares de la ciudad. Cuenta la leyenda que lanzar una moneda a la fuente trae suerte, y probar no hace daño.

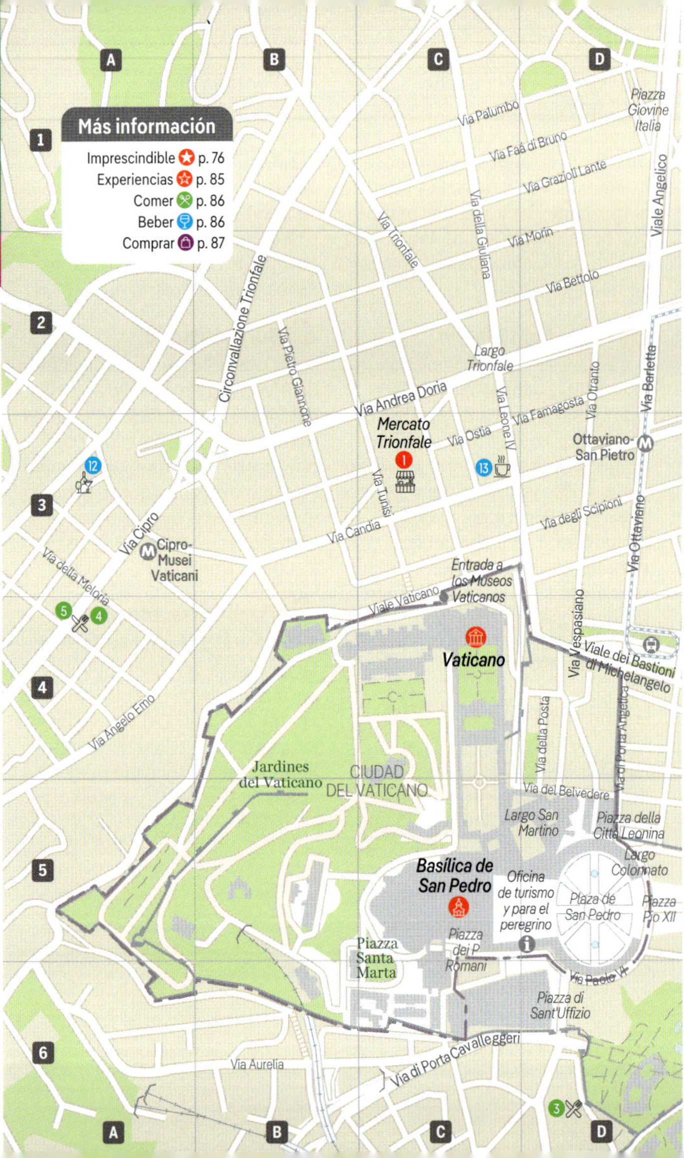
Más información
Imprescindible p. 76
Experiencias p. 85
Comer p. 86
Beber p. 86
Comprar p. 87
Via Palumbo
Piazza Giovine Italia
Via Faà di Bruno
Via Grazioli Lante
Viale Angelico
Via Trionfale
Via della Giuliana
Via Morin
Via Bettolo
Circonvallazione Trionfale
Via Pietro Giannone
Largo Trionfale
Via Barletta
Via Andrea Doria
Via Famagosta
Via Otranto
Mercato Trionfale
Via Ostia
Via Leone IV
Ottaviano-San Pietro
Via Tunisi
Via degli Scipioni
Via Cipro
Cipro-Musei Vaticani
Via Candia
Via Ottaviano
Via della Meloria
Entrada a los Museos Vaticanos
Viale Vaticano
Vaticano
Via Vespasiano
Viale dei Bastioni di Michelangelo
Via Angelo Emo
Via della Posta
Via di Porta Angelica
Jardines del Vaticano
CIUDAD DEL VATICANO
Via del Belvedere
Largo San Martino
Piazza della Città Leonina
Largo Colonnato
Basílica de San Pedro
Oficina de turismo y para el peregrino
Plaza de San Pedro
Piazza Pio XII
Piazza dei P. Romani
Piazza Santa Marta
Via Paolo VI
Piazza di Sant'Uffizio
Via di Porta Cavalleggeri
Via Aurelia

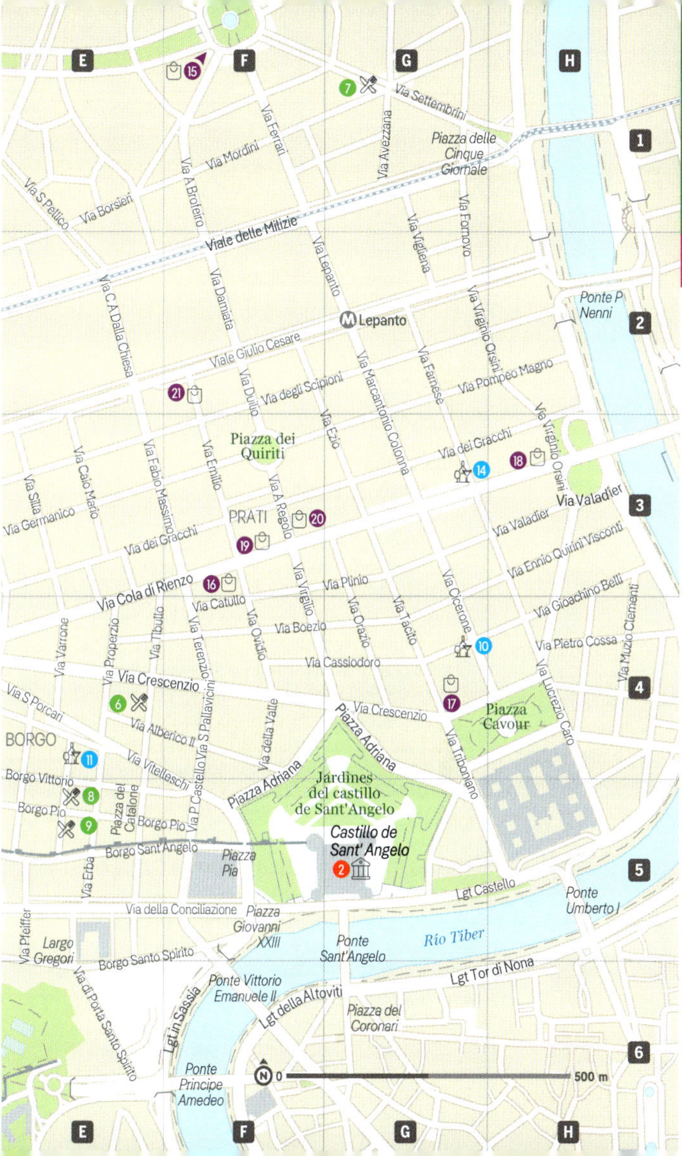
E
F
G
H
1
2
3
4
5
6
Via Settembrini
Piazza delle Cinque Giornale
Via Avezzana
Via Ferrari
Via Mordini
Via A Brofeiro
Via S Pellico
Via Borsieri
Viale delle Milizie
Via Fornovo
Via Vigliena
Via Lepanto
Via C A Dalla Chiesa
Via Damiata
Lepanto
Ponte P Nenni
Via Virginio Orsini
Viale Giulio Cesare
Via Farnese
Via Pompeo Magno
Via Marcantonio Colonna
Via degli Scipioni
Via Duilio
Via Ezio
Piazza dei Quiriti
Via dei Gracchi
Via Caio Mario
Via Fabio Massimo
Via Emilio
Via Silla
Via Germanico
PRATI
Via A Regolo
Via Valadier
Via Ennio Quirini Visconti
Via Cola di Rienzo
Via Catullo
Via Plinio
Via Virgilio
Via Orazio
Via Tacito
Via Cicerone
Via Gioachino Belli
Via Boezio
Via Ovidio
Via Terenzio
Via Tibullo
Via Properzio
Via Varrone
Via Pietro Cossa
Via Muzio Clementi
Via Cassiodoro
Via Crescenzio
Via S Porcari
Via Lucrezio Caro
Piazza Cavour
Via della Valle
Piazza Adriana
Via Alberico II
Via Vitelleschi
Via S Pallavicini
Via P Castello
Via Triboniano
BORGO
Borgo Vittorio
Borgo Pio
Piazza del Catalone
Jardines del castillo de Sant'Angelo
Castillo de Sant' Angelo
Borgo Sant'Angelo
Piazza Pia
Via Erba
Lgt Castello
Ponte Umberto I
Via della Conciliazione
Piazza Giovanni XXIII
Via Pfeiffer
Largo Gregori
Borgo Santo Spirito
Ponte Sant'Angelo
Río Tíber
Lgt Tor di Nona
Ponte Vittorio Emanuele II
Lgt della Altoviti
Lgt in Sassia
Via di Porta Santo Spirito
Piazza del Coronari
Ponte Principe Amedeo
0
500 m
2
6
7
8
9
10
11
14
15
16
17
18
19
20
21

★ IMPRESCINDIBLE

El Vaticano

Quien se haya preguntado alguna vez cuánta belleza es capaz de captar el ser humano, probablemente encuentre la respuesta en el Vaticano. Quien se haya preguntado alguna vez cuánta confusión es capaz de crear el ser humano, que visite el Vaticano sin planificación.

PLANO: P. 74 **C4**

CONSEJO
Es obligatorio reservar la visita a los Museos Vaticanos y prever una disponibilidad sumamente limitada para el jubileo. Este es el sitio donde contratar un guía privado.

Escanea este código QR para reservar en línea la visita al Vaticano.

Pinacoteca

Se empieza en la galería de arte papal y su profusión de increíbles pinturas de entre los ss. XI y XIX. Este rincón de los Museos Vaticanos, a veces ignorado, encierra una formidable colección de obras de Giotto, Fra' Angelico, Filippo Lippi, Perugino, Tiziano y Pietro da Cortona. También están aquí el desgarrador *El santo entierro* de Caravaggio y el inacabado pero evocador *San Gerolamo* de Leonardo da Vinci. Pero destaca, en particular, *La Transfiguración* de Rafael, una obra maestra del *chiaroscuro* que inspiró a Miguel Ángel para crear la Capilla Sixtina. Al lugar hay que dedicarle entre 30 min y 1 h para apreciarlo sin prisas.

Museo Pio-Clementino y Cortile Ottogano

Si se planifica bien, el Vaticano es una agradable excursión de un día en la que ir combinando espacios interiores y exteriores (como si se hubieran diseñado para vivir allí). Esto también ayuda a mitigar esa sensación de fatiga y confusión que aparece tras ver tantos tesoros a la vez.

El Museo Pio-Clementino está dedicado a la Antigua Grecia y la escultura romana, pero el edificio es también impresionante, rebosante

RED-FENIKS/SHUTTERSTOCK ©

de mármol y brillo desde cualquier ángulo. Es un poco abrumador, por lo que salir al Cortile Ottagono es más que un soplo de aire fresco. Aquí sorprende la forma octogonal que da nombre al patio y las estatuas al aire libre que flanquean su perímetro, especialmente el grupo de Laocoonte, supuestamente de hacia el 30 a.C.

Cortile della Pigna

A modo de nodo central de los Museos Vaticanos, este patio perfectamente cuidado lleva el nombre de la icónica piña de 4 m que se erige resplandeciente sobre una doble escalinata diseñada por Miguel Ángel. Enmarcada por un enorme nicho frente al patio, esta piña de bronce del s. I a.C. estaba originalmente situada cerca del Panteón y formaba parte de una fuente que se cree

UNA PAUSA
Para practicar (o perfeccionar) la capacidad de hacer cola, en la cercana **Bonci Pizzarium** en Via della Meloria, hacen una *pizza* divina.

Museos Vaticanos

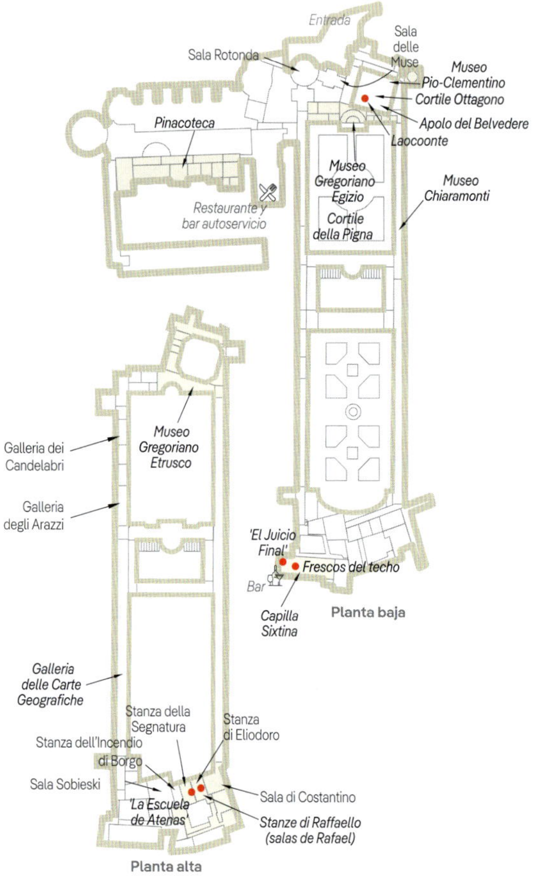

que se usaba en la adoración pagana a Isis, una rareza más dentro de los muros del Vaticano.

Desde 1990, acompaña a la piña la *Esfera dentro de esfera* de Arnaldo Pomodoro, una escultura de bronce contemporánea que Pomodoro replicó por todo el mundo, p. ej., en el Trinity College de Dublín y en la sede de la ONU en Nueva York. Estas dos sobrias esculturas atrapan al visitante entre tanta grandeza, creando un diálogo entre pasado y presente. Por su posición estratégica, no importa quedarse un momento aquí. El **Museo Gregoriano Egizio,** el **Museo Chiaramonti** y **Braccia Nuovo** están todos cerca y son igualmente fascinantes. Resulta imposible abarcarlo todo, pero si se dedica un día entero se verá más de lo que pudiera imaginarse.

MEDIODÍA CON EL PAPA
Excepto festivos o citas extraordinarias, el papa se asoma a la ventana de su residencia cada domingo a mediodía. ¡Suerte con las multitudes!

Galleria delle Carte Geografiche

Aunque no hay constancia de ello, el pasillo de 120 m que conduce a la Capilla Sixtina quizá fue la inspiración original de la frase "Hazlo a lo grande o no lo hagas". Es excelente en todos los sentidos: la concentración de arte, lo expuesto y la habilidad artística son incomparables y resulta casi imposible no quedarse boquiabierto. La Galería de los Mapas (foto p. 77) se construyó entre 1580 y 1585 y presenta 40 mapas de diferentes regiones italianas. La disposición sigue un "itinerario ideal" por el centro de Italia, con las regiones occidentales en los muros de la izquierda y las orientales en los de la derecha. Termina con frescos de los cuatro puertos principales del país y representaciones de fiestas religiosas típicas de cada región. Podrían pasarse días intentando captar cada detalle de estas hipnotizantes obras y apenas se rascaría la superficie. Y lo mismo ocurre en la **Galleria degli Arazzi** (Galería de los Tapices) y la **Galleria dei Candelabri** (de los Candelabros), ambas de camino a la de los Mapas.

CUIDADO CON LOS GUARDIAS
Si la guardia suiza sujeta la alabarda significa que está en servicio de honor y no hay que abordarles. Si están con las manos cruzadas, se le puede preguntar y pedir fotos.

NO SE PERMITE COMIDA
Está prohibido entrar con comida o bebida en el Vaticano, aunque sí llevar agua. Hay que tener sentido común y no beber entre objetos de valor.

VIGILAR LAS PERTENENCIAS
Los carteristas son habituales en la Ciudad del Vaticano por el elevado número de visitantes; hay que estar siempre atento al entorno (y las pertenencias).

Capilla Sixtina

Si se visita el Vaticano solo para ver la Capilla Sixtina, existe un *percorso breve* (ruta rápida) por los museos hasta llegar a ella. Sin embargo, conviene saber que es una opción popular y la espera puede alargarse más de lo previsto. Y aún peor durante las celebraciones del jubileo, ya que este es un importante sitio de peregrinaje, además de que es un templo en activo: es aquí donde los cardenales se reúnen en cónclave para elegir al nuevo papa y se celebran bautismos el domingo siguiente al día de la Epifanía. Por consiguiente, hay que vestir como si se entrara en un lugar sagrado o llevar algo para cubrirse.

Teniendo en cuenta todo lo anterior, la Capilla Sixtina bien merece todos los preparativos, colas y esperas. El silencio obligatorio surge espontáneamente porque los frescos de Miguel Ángel dejan literalmente sin habla: no hay palabras para expresar la proximidad de tanta belleza. Al entrar, hay que mirar hacia el muro este para obtener la visión más completa de los frescos del techo, dividido en nueve paneles centrales que narran pasajes del Génesis, como la *Creación de Eva y la Creación de Adán,* posiblemente una de las imágenes más icónicas de la historia de la humanidad. El muro occidental está dominado por *El Juicio Final,* que describe la exaltación de Cristo o la condena de las almas en el cielo o el infierno. No hay que pasar por alto el espectacular suelo cosmatesco: los intricados azulejos son tan asombrosos como las imágenes del techo.

★ IMPRESCINDIBLE

Basílica de San Pedro

En una ciudad con tantos monumentos imponentes, ninguno consigue hacerle sombra a la majestuosa San Pedro. Este es un sitio casi milagroso, desde la cúpula imposible hasta su desgarradora *Piedad,* ambas de Miguel Ángel. Junto con la colosal Piazza de Bernini, el templo es sencillamente único en su especie.

Plaza de San Pedro

PLANO: P. 74 **C5**

A la hora de crear efectos dramáticos, Gian Lorenzo Bernini sabía perfectamente lo que se hacía. Su Piazza San Pietro **(plaza de San Pedro),** terminada en 1667, fue creada para representar los "brazos maternales de la iglesia", y cuando se entra en ella desde la excelente **Via delle Conciliazione,** las dos épicas columnatas semicirculares de columnas dóricas realmente parecen abrazar al visitante. La estética espartana de la plaza es intencionada: Bernini había dedicado décadas a diseñar los interiores y no quería que el exterior lo eclipsara, sino que se adaptara a la importancia de la estructura. Y funciona. Aunque la cúpula de San Pedro se ve desde distintos puntos de Roma, solo se aprecia bien su envergadura desde la plaza. Hace sentirse minúsculo, pero no insignificante.

CONSEJO
El jubileo en el 2025 atraerá un sinfín de peregrinos a San Pedro durante todo el año. Se espera un flujo constante de multitudes.

Escanea este código QR para horarios e información de la visita.

La fachada

En un edificio así, cada milímetro cuenta una historia, y la fachada no es una excepción. Con sus 118,6 m de ancho y 48 m de alto, fue construida por separado por el arquitecto Carlo Maderno y es una pieza independiente. Se trata de un logro increíble, en particular porque la basílica se asienta sobre

UNA PAUSA
Relajarse con un vino para reflexionar sobre la experiencia en los apacibles confines del cercano bar **Habemus** en Via Tolemaide 14.

DILATAR LA VISITA
Resulta tentador encajar los Museos Vaticanos y San Pedro en un solo día, aunque lo ideal sería repartirlo en dos. San Pedro es gratis, pero las colas son largas, por lo que si se llega a las 7.00, cuando abre, quizá se esperará menos.

los restos del Circo de Nerón, donde el emperador solía pasar su tiempo libre persiguiendo cristianos. Esta obra de ingeniería también contiene columnas de 27 m de alto que soportan 13 estatuas que representan a Cristo Redentor, San Juan Bautista y los 11 apóstoles. La **Loggia della Benedizione** se sitúa en medio de la estructura, y es desde donde el papa pronuncia su bendición Urbi et Orbi en Navidad y Semana Santa. La entrada más al norte de la basílica es la **puerta Santa** o Porta Sancta, que está tapiada y solo se abre para celebrar los años jubileos.

La planta

Originalmente quería unirse la planta de la basílica a la iglesia que la precedió (también llamada San Pedro), pero Bramante diseñó un plano que reproducía la cruz griega. Las complicaciones de esta idea (que además se consideraba demasiado pagana) fueron hábilmente transformadas para asemejarse a la cruz latina con la adición de una nave por Miguel Ángel.

El centro de la planta está dominado por el baldaquín, un dosel de Bernini de 29 m de alto que se eleva entre el **altar de la Confesión** y la cúpula. La procedencia del bronce usado en el baldaquín sigue siendo objeto de discusión: históricamente se creía que procedía del Panteón, pero según las últimas investigaciones procede de Venecia. El altar está indiscutiblemente formado por un bloque de mármol del Foro de Nerva, con una escalinata doble de siete peldaños.

Como es costumbre en las iglesias cristianas antiguas, está orientada al este, de modo que el papa celebra la misa frente a los feligreses. El altar se erige sobre el lugar de sepultura original de san Pedro, convirtiéndolo en uno de los elementos más importantes del templo.

La cúpula

No hay forma de describir el impacto que produce la cúpula de Miguel Ángel. Muchos autores han usado la palabra "tremendo", pero el término ni se acerca a describir ese momento en el que se percibe que alguien no solo fue capaz de soñar aquello, sino realizarlo. Con un total de 136 m, es la cúpula más alta del mundo, aunque su diámetro interno es menor que el de las dos cúpulas en que se inspira el diseño original, el Panteón y el Duomo de Florencia.

En muchos aspectos, la cúpula es el ejemplo más destacado del poder que ejercía la Iglesia durante el Renacimiento. Pero es también un testamento

ARRIESGARSE A HACER COLA

Las colas son inevitables en los controles de seguridad, pero en general avanzan rápidamente. Se puede intentar a la hora de comer o al final de la tarde para una espera menor.

MATTEO VOLPONE/SHUTTERSTOCK ©

CÓMO IR A MISA
En San Pedro se oficia misa a diario, y es gratis, pero para ver la misa papal se requiere entrada. También es gratis, pero conseguir entrada es difícil; lo mejor es seguir las últimas instrucciones en el sitio oficial (www.st-peters-basilica-tickets.com/es/mass/).

del humanismo de ese mismo período, cuando los descubrimientos científicos provocaron también el triunfo artístico. Quizá se espere divinidad, pero no hay que sorprenderse si también se halla humanidad. Y la impresión que queda puede ser aún más profunda.

El arte

Miguel Ángel no vivió para ver la cúpula terminada, pero su genio reina en la basílica, especialmente en la **'Piedad',** posiblemente la escultura religiosa más famosa del mundo. Tallada cuando solo tenía 24 años, esta es la única escultura que nunca firmó Miguel Ángel. En contraste con muchas otras representaciones de la Virgen sosteniendo el cuerpo yacente de Cristo, la escultura desprende un brillo casi místico. Situada en la primera capilla del pasillo norte, la *Piedad* es uno de los muchos tesoros artísticos de la basílica, como la **estatua de San Longinos,** la **tumba de Urbano VIII** y la **Cátedra de San Pedro,** de bronce, en el ábside.

Arte de la cúpula

La cúpula presenta ilustraciones divididas en seis círculos horizontales: los bustos de los 16 primeros papas enterrados en la basílica; un Cristo triunfante rodeado por la Virgen, san Juan Bautista, san Pablo y los doce apóstoles; 16 ángeles sujetando símbolos e instrumentos de la Pasión; series de querubines alados; ángeles mirando la tumba de san Pedro; y series de serafines alados.

EXPERIENCIAS

Probar los épicos sabores del Mercato Trionfale

MERCADO

PLANO: 1 P. 74 **C3**

No hay que dejarse engañar por el moderno exterior del Mercato Trionfale: existe desde hace siglos y es el auténtico corazón de Prati. Quien quiera perfeccionar la experiencia de los mercados romanos, debería visitarlo.

Sus 273 puestos rebosan de verduras de temporada, pescados y carnes típicas o exóticas, un gran repertorio de quesos y un inimaginable surtido de pasta fresca que elaboran mujeres *in situ* como si nada. Los puestos tienen un código de colores: verde para fruta y verdura, pero verde claro si son de granja o productores locales; amarillo para productos secos, artículos del hogar y panadería; azul para pescado; rojo para carne. Es el mercado más grande de Roma, y como tal se puede encontrar de todo.

Incluso si no hay que llenar la despensa, es un festín para los sentidos. En el **Pork N' Roll La Bottega** (puesto 121) o el **Ivo e Arsenio** (puesto 102) se puede probar un excepcional sándwich de *porchetta* o una *pizza bianca* (*pizza* sin tomate) de gran calidad.

Experimentar la historia y el misterio en el castillo de Sant'Angelo

MUSEO

PLANO: 2 P. 74 **G5**

En Roma no es raro dar la vuelta a la esquina y exclamar "¿y esto qué es?", que seguro que es lo que se dirá ante la primera visión de Sant'Angelo. Muchos creen que forma parte del Vaticano, pero es anterior a la ciudad-Estado católica y bien merece dedicarle unas horas.

Originalmente un mausoleo encargado por el emperador Adriano, el edificio se terminó en el año 139 y fue un monumento dedicado a su persona hasta que se convirtió en una fortaleza militar en el 401. Con el devenir de los siglos, sirvió de refugio para los papas y de prisión para los herejes. Desde 1901 es un museo nacional y quizá uno de los mejores lugares para entender perfectamente la historia de Roma. No hay que olvidar preguntar por el arcángel que le da nombre: otra excelente historia.

SUGERENCIAS

Lo mejor para...

€ Económico €€ Medio €€€ Alto

Localizaciones en el plano de la **p. 74**

Comer

Moderno e informal

Cresci €€
3 D6
Establecimiento local ideal para comer las mejores galletas con pepitas de chocolate de Roma. *7.00-24.00*

Bonci Pizzarium €
4 A4
Las revolucionarias *pizzas* de Gabriele Bonci. Cola asegurada. *11.00-22.00 ma-sa, 11.00-15.00 y 17.00-22.00 do*

Romanè €€
5 A4
El primer establecimiento con mesas de Stefano Callegari no decepciona, ni sus insuperables albóndigas. *12.00-24.30*

Merece el desvío

Il Sorpasso €€
6 E4
Clásico de barrio con excelente comida y una fantástica carta de vinos. *9.00-1.00 lu-sa*

Settembrini €€
7 G1
Restaurante abierto todo el día, con barra de pescado, pizzería y coctelería, y la energía joven necesaria para sacarlo todo adelante. *7.30-24.00 lu-sa*

Osteria Nuvolari €€
8 E5
Para cuando se necesite un plato tradicional bien elaborado. *12.00-15.00 y 19.00-23.00*

Passpartout €€
9 E5
Las vistas sobre las diminutas calles de Borgo realzan su deliciosa comida y bebida. *11.00-1.00*

Beber

Licores sagrados

Lumiere
10 G4
Las lámparas disparejas y el ambiente poco convencional realzan su excelente selección de cócteles y vinos. *7.00-2.00 lu-vi, 8.00-2.00 sa, 11.00-2.00 do*

Bukowski's Bar
11 E4
Aquí se corre el riesgo de, tras horas, olvidar cómo se llegó. Y esto significa que funciona. *12.00-2.00 ma-do*

Mama Shelter Rome
12 A3
Por suerte, la divertidísima azotea de Via Cipro ofrece excelentes cócteles y, debajo, muchas camas para dormir. *Horario variable*

Habemus Cafe & Bistrot
13 C3
Ideal para refugiarse de las hordas que buscan la gracia cerca del Vaticano. *7.30-17.30 lu-ju, hasta 19.00, vi, hasta 17.00 sa*

Argot
14 G3
Los bares clandestinos no suelen estar tan bien como este, así que hay que aprovecharlo. *12.00-2.00 do-vi, 18.00-2.00 sa*

MAURO TOCCACELI/ALAMY STOCK PHOTO ©

Comprar

Delicias 'gourmet'

Casadora
15 F1
La pasta más fresca y exquisiteces artesanas, de salsas a sardinas. *10.00-23.00 lu-sa, hasta 17.00 do*

Castroni
16 F3
La mayor sucursal de este ultramarinos (foto), con una soberbia selección de toda Italia, así como productos que quizá se extrañen del país de origen. *8.30-20.00*

Enoteca Costantini
17 G4
Probablemente ningún otro lugar en Roma tiene tantos vinos; hacen envíos internacionales. *9.00-1.00, 16.30-20.00*

Comprar en 'boutiques'

Colonna Boutique Prati
18 H3
Ropa fantástica seleccionada por las fantásticas Federica y Sarah, y trato muy agradable. *Horario variable*

COIN Excelsior
19 F3
La gran dama de Via Cola di Rienzo tiene marcas italianas e internacionales, además de una amplia selección de artículos de menaje y perfumería. *10.00-20.00*

Verdissima
20 F3
La única tienda en Roma con la exclusiva de una de las mejores marcas de ropa íntimas y bañadores, con tejidos mágicos. *10.00-13.30 y 14.30-19.30*

SPACE Vintage & Original Objects
21 F2
¿Qué pasaría si un teléfono italiano *vintage* o una máquina del millón fueran cosas realmente necesarias? *10.00-19.00*

Sugerencias de lugares para comer, beber y comprar en **p. 102**

Explora
Tridente y Trevi

En este barrio densamente poblado al norte del casco antiguo es donde se lanzan monedas en la fuente más famosa del mundo y se suben las escaleras más buscadas de esta parte del paraíso. Si se pretende ir de compras (o simplemente curiosear en plan lujoso), hay que dedicar tiempo de calidad a recorrer entre las calles y callejas preferidas por las grandes marcas para mostrar sus artículos en Roma. En muchos sentidos, esta zona es la esencia de la *dolce vita*.

Pero no en todos. Durante la mayor parte del año, está invadida por un no parar de gente que, en su peor momento, puede convertirse en avalancha. Para evitar aglomeraciones, lo mejor es pasarse a primera hora de la mañana o a última de la tarde.

Cómo desplazarse

Metro
Por aquí pasa la línea A, con las estaciones de Spagna, Flaminio y Barberini, que conectan con la de Termini y el Vaticano.

Autobús
Hay muchas líneas que pasan por Via del Tritone en el extremo meridional, cerca de Piazza Barberini.

A pie
La zona es ideal para pasear; hay que calzar cómodo y prepararse para las escaleras. Debido a las megaconstrucciones de Piazza Venezia, esta es la mejor opción en los alrededores de Via del Corso.

Fontana di Trevi (p. 96).
MISTERSTOCK/SHUTTERSTOCK ©

★

LO MEJOR

Recrear escenas de la gran pantalla en la **ESCALINATA DE PIAZZA DI SPAGNA** (p. 94).

Pedir un deseo en la **FONTANA DI TREVI** (p. 96).

En el **CANOVA TADOLINI** (p. 101), comer en el estudio del famoso escultor.

Pasear por la histórica **PIAZZA DEL POPOLO** (p. 100).

Descubrir los misterios de la **CRIPTA DE LOS CAPUCHINOS** (p. 101).

CIRCUITO A PIE

De compras por Tridente y Trevi

Esta zona es la meca de las compras, con establecimientos insignia de algunos de los modistas más célebres del mundo. Pero no todo son marcas de lujo y precios imposibles. También hay fantásticas calles llenas de escaparates, gente y algunas de las tiendas más legendarias de Roma.

INICIO	FINAL	DURACIÓN
Rinascente, Via del Tritone	Pastificio Guerra	2,3 km; 1 h

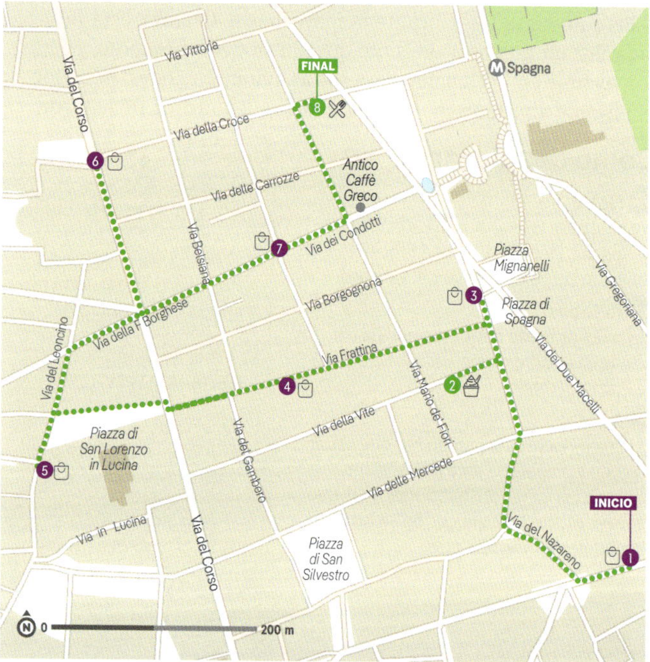

1 La Rinascente

Uno de los grandes almacenes (p. 103) más famosos de Roma, ideal para admirar piezas de Balenciaga y Prada sin tener que comprar. Y no hay que olvidar la exposición del Acqua Virgo en el sótano.

2 La Strega Nocciola

Ideal para darse un buen capricho. Aquí tienen *gelato* artesanal en pequeñas porciones y una gran y creativa variedad de sabores para cargar pilas durante el circuito. Podría considerarse hasta terapéutico.

3 Humilis Rome

No todo está volcado en el consumo ostentoso. Con dos sucursales de la ciudad, esta tienda está especializada en reproducciones de la cruz de tau de san Francisco de Asís; si se busca un regalo significativo, este es el lugar.

4 Modigliani

Esta ecléctica firma de cerámica se remonta ya a varias generaciones, con una colorida tienda llena de diseños originales.

5 Campo Marzio

Aunque Roma está bien cubierta de fantásticos artículos de cuero, la marca local Campo Marzio 70 los elabora (bolsos, libros, carteras, etc.) desde hace casi un siglo en todo un arcoíris de colores exclusivos.

6 Via del Corso

Principal arteria de las grandes firmas en Roma. Es una entretenida calle peatonal, con músicos callejeros y artistas que la comparten con los puestos de castañas en invierno y los de fruta en verano.

7 Via dei Condotti

Sea asequible o no para el viajero, resulta divertido pasear por una de las calles con más historia de la ciudad. Aquí, las tiendas de lujo se suceden. Pero también se puede tomar algo en el Antico Caffè Greco, uno de los cafés más antiguos de Roma.

8 Pastificio Guerra

La carta no es muy extensa (p. 102), las colas son largas y no hay sitio para sentarse. Pero todo esto se olvida nada más probar la mejor pasta del barrio junto con los residentes que siguen visitando este lugar.

Más información
Imprescindible p. 94
Experiencias p. 99
Comer p. 102
Beber p. 103
Comprar p. 103
0 200 m
Piazza del Popolo
Basilica di Santa Maria in Montesanto
Chiesa di Santa Maria dei Miracoli
Piazzale Napoleone I
Colina del Pincio
Viale dell'Obelisco
Viale del Muro Torto
Viale D'Annunzio
Viale di Villa Medici
Villa Medici
VILLA BORGHESE
Galoppatoio (centro hípico)
Viale del Galoppatoio
Viale Trinità dei Monti
Via San Sebastianello
Via dell'Oca
Via Angelo Brunetti
TRIDENTE
Via del Vantaggio
Via Laurina
Via del Babuino
Via Margutta
Via Gesù e Maria
Via di San Giacomo
Via dei Greci
Via di Ripetta
Via Canova
Via della Frezza
Piazza Augusto Imperatore
Piazza Augusto Imperatore
Lgt in Augusta
Largo degli Schiavoni
Via Tomacelli
Via del Corso
Via Belsiana
Via delle Carrozze
Via Vittoria
Via Alibert
CAMPO MARZIO
Canova Tadolini
Escalinata de Piazza di Spagna
Spagna
Babington's Tea Rooms
Casa Keats-Shelley
Fondazione Giorgio e Isa de Chirico
Chiesa della Trinità dei Monti
Via Sistina
Via Francesco Crispi
Via di Porta Pinciana
Via Aurora
Via Lazio
LUDOVISI
Via Lombardia
Via Emilia
Via Ludovisi
Via Liguria
Via Vittorio Veneto
Via degli Artisti
Via Molise

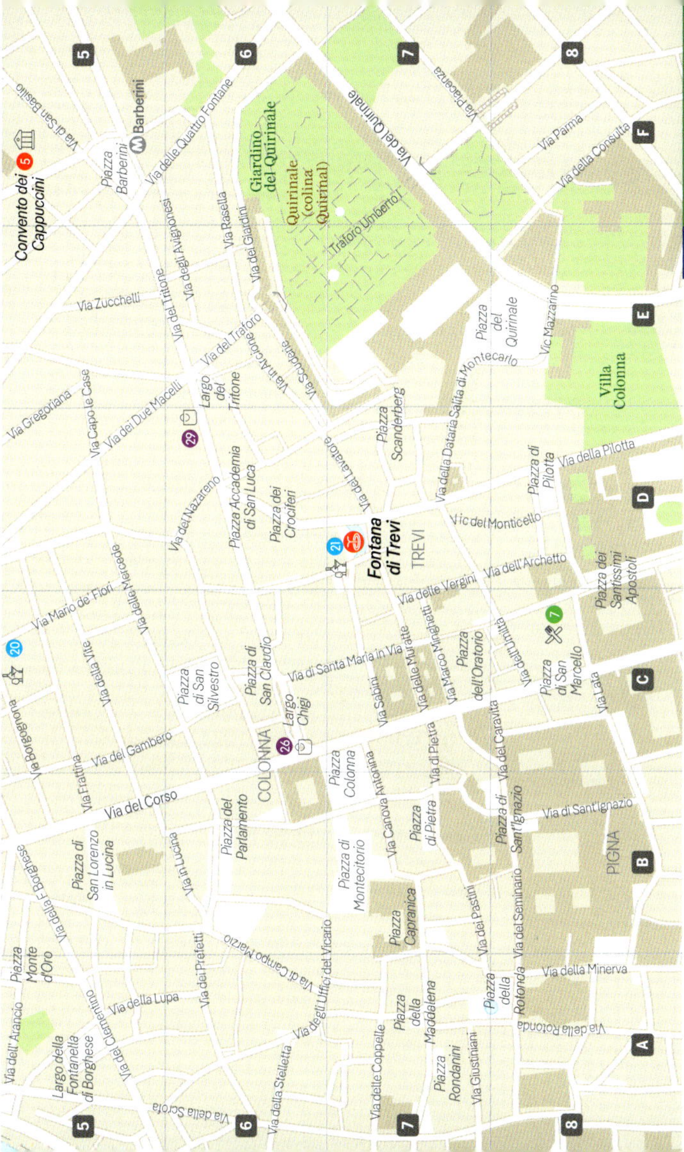
Convento dei Cappuccini
5
Barberini
Piazza Barberini
Via di San Basilio
Via delle Quattro Fontane
Via Zucchelli
Via del Tritone
Via degli Avignonesi
Via Rasella
Via dei Giardini
Giardino del Quirinale
Quirinale (colina Quirinal)
Traforo Umberto I
Via del Quirinale
Via Piacenza
Via Parma
Via della Consulta
Via Gregoriana
Via Capo le Case
Via dei Due Macelli
29
Largo del Tritone
Via del Traforo
Via in Arcione
Via della Scuderie
Piazza del Quirinale
Vic Mazzarino
Villa Colonna
Salita di Montecarlo
Via della Dataria
Piazza Scanderberg
Via del Lavatore
Via del Nazareno
Piazza Accademia di San Luca
Piazza dei Crociferi
21
Fontana di Trevi
TREVI
Vic del Monticello
Piazza di Pilotta
Via della Pilotta
Via dell'Archetto
Via delle Vergini
Piazza dei Santissimi Apostoli
7
Via Mario de' Fiori
Via della Mercede
20
Via Borgognona
Via della Vite
Piazza di San Silvestro
Piazza di San Claudio
Via di Santa Maria in Via
Largo Chigi
Via Sabini
Via delle Muratte
Via Marco Minghetti
Piazza dell'Oratorio
Via dell'Umiltà
Piazza di San Marcello
Via Lata
Via Frattina
Via del Gambero
Via del Corso
COLONNA
26
Piazza Colonna
Via Canova
Via Antonina
Via di Pietra
Piazza di Pietra
Via del Caravita
Piazza di Sant'Ignazio
Via di Sant'Ignazio
PIGNA
Via della F. Borghese
Piazza di San Lorenzo in Lucina
Via in Lucina
Piazza del Parlamento
Piazza di Montecitorio
Piazza Capranica
Via dei Pastini
Via del Seminario
Via della Minerva
Piazza Monte d'Oro
Via dell' Arancio
Largo della Fontanella di Borghese
Via del Clementino
Via della Lupa
Via dei Prefetti
Via di Campo Marzio
Via degli Uffici del Vicario
Via della Stelletta
Via delle Coppelle
Piazza della Maddalena
Piazza Rondanini
Via Giustiniani
Piazza della Rotonda
Via della Rotonda
Via della Scrofa
A
B
C
D
E
F
5
6
7
8

★ IMPRESCINDIBLE

Escalinata de Piazza di Spagna

En 1725, el poco conocido arquitecto Francesco di Santis recibió el encargo de diseñar un puente entre la iglesia francesa de la Trinità dei Monti y la embajada española a los pies de la colina del Pincio. En este proceso, creó una de las vías públicas más icónicas del mundo.

PLANO: P. 92 **D4**

CONSEJO
La estación de metro de Spagna está en lo alto de la escalinata, no a sus pies (no hay que llevarse a engaño por el letrero en la plaza).

Escalera arriba

Hay un buen motivo por el que Joe Bradley (Gregory Peck) le dice a la princesa Ana (Audrey Hepburn) que debe tomarse el día libre, de pie en la **escalinata de Piazza di Spagna** en la película *Vacaciones en Roma*. Formalmente conocida como la Scalinata di Trinità dei Monti, esta escalera se diseñó para recorrerla. Hoy en día, incluso obligarían a circular a Audrey: desde el 2019, está prohibido sentarse en la escalinata, y ponen multas por hacerlo. Lo mejor es seguir a las masas hacia el **obelisco Salustiano** del s. II y la **Chiesa della Trinità dei Monti.** Ante semejantes vistas, se entiende porque todo el mundo quiera quedarse ahí.

Chiesa della Trinità dei Monti

Esta iglesia monumental fue encargada por Luis XII de Francia y consagrada en 1585. Aparte de las magníficas vistas desde su famosa escalinata, presenta excelentes frescos de Daniele da Volterra.

★ IMPRESCINDIBLE

Fontana di Trevi

Si todos los caminos conducen a Roma, entonces (casi) todas las calles llevan a la fuente de Trevi. Llamada así por su ubicación en la intersección de tres calles *(tre vie)*, existe desde el año 19 a.C., pero no fue hasta el s. XVIII cuando se construyó el escultural monumento en derredor.

PLANO: P. 92 **D7**

CONSEJO
Hay que olvidarse de Anita Ekberg; en esta fuente no se puede saltar ni tocar nada.

Escanea este código QR para más información sobre la Fontana di Trevi.

Pedir un deseo (y hacer una donación)

La tradición de lanzar una moneda al agua probablemente data de su primera encarnación como simple fuente que abastecía los antiguos baños romanos, cuando los rituales paganos solían implicar una ofrenda a los dioses acuáticos.

La escultura de 20 m de ancho por 26 de alto del dios del mar Océano fue diseñada por Nicola Salvi en 1732 e inmediatamente vieron en ella una obra maestra, en particular los viajeros del Grand Tour. La gente que cruzaba el continente lanzaba una moneda a la fuente como gesto de despedida, inspirados en la antigua costumbre. Pronto se convirtió en un rito de paso para cualquiera que visitara por la ciudad, y como ocurre con muchas tradiciones inventadas, se transformó en algo más elaborado y preciso.

Según el deseo, hay que ponerse de pie de espaldas a la fuente y lanzar la moneda con la mano derecha por encima del hombro izquierdo. El ritual completo incluye tres monedas para tres deseos, cada uno por separado: el primero es regresar a Roma; el segundo, encontrar el amor; y el tercero, casarse.

Cada día las autoridades municipales recogen unos 3000 € de la fuente, que son donados a

VLADISLAV ZOLOTOV/ISTOCK/GETTY IMAGES ©

organizaciones benéficas que ayudan a los sintecho. Así pues, se crea o no en ello, pedir un deseo aquí siempre hará realidad algo.

Relatos de Trevi

La gran estatua central es el titán Océano, previo a los dioses del Olimpo. Detrás suyo, los frisos representan los soldados deshidratados de Marco Agripa siguiendo a una joven hacia la fuente. El arquitecto Nicola Salvi planificó la gigantesca urna Asso di Coppa para proteger la fuente de un barbero que se quejaba incesantemente de su construcción.

En las profundidades

Cada año pasan por la fuente millones de personas, pero solo unos pocos se acercan al **Vicus Caprarius,** el yacimiento arqueológico

UNA PAUSA
Disfrutar de un *gelato* en la diminuta pero prestigiosa **La Strega Nocciola** en Via delle Vite; el clásico de pistacho no decepciona.

LA FONTANA DI TREVI EN EL CINE

Esta es la célebre fuente por la que se paseó más que seductoramente Anita Ekberg en el clásico de Fellini *La dolce vita* (1960); al parecer, llevaba botas de agua debajo de su legendario vestido negro, pero aun así no dejó de titiritar durante toda la escena invernal. Cuentan que su coprotagonista, Marcello Mastroianni, se preparó mejor: traje de neopreno y botella de vodka.

subterráneo conocido como **Città dell'Acqua** (Ciudad del Agua) junto a Piazza di Trevi.

El complejo se extiende unos 350 m entre Via San Vincenzo y Vicolo Puttarello, a una profundidad de unos 9 m bajo la ciudad actual. Se puede recorrer la ruta subterránea por libre o con un guía (circuitos disponibles en inglés e italiano previa reserva; 8 €), y explorar el laberinto de calles que conformaban el barrio en torno a la fuente hace 2000 años. Los arqueólogos también han descubierto mosaicos de mármol policromado y decoraciones que engalanaban mansiones de la época. Es una experiencia fascinante, algo así con asomarse a la vida de la antigua Roma, y muestra la importancia que tuvo la fuente en el nacimiento de la ciudad.

Ir a la fuente

Es fácil no verlo entre la algarabía de restaurantes, tiendas de recuerdos y lanzamientos de moneda, pero a menos de 5 min de la *fontana* hay una fachada mucho más humilde, aunque igualmente importante. Es el **Acqua Virgo,** o Agua Virginal, el único de los 11 acueductos principales de la antigua Roma que sigue en funcionamiento y abastece a la Fontana di Trevi. Situado en Via del Nazareno, sus vestigios todavía visibles forman parte del acueducto que se construyó en el 19 a.C. por orden de Agripa.

Se puede visitar previa reserva y con guía autorizado, pero con solo ver el exterior es suficiente para entender el increíble alcance de la antigua ingeniería romana.

EXPERIENCIAS

Tomar un té-merienda en las Babington's Tea Rooms

RESTAURANTE

PLANO: 1 P. 92 **C4**

Es toda una institución de Piazza di Spagna desde 1893, cuando dos jóvenes muchachas abandonaron su Grand Tour y decidieron abrir un salón de té y lectura. Indudablemente, supone un derroche y algo que no se asocia inmediatamente con lo italiano, pero es tan parte de la historia romana como la carbonara y las vespas. Además, los cócteles de té y las pastas están deliciosos.

Explorar el surrealismo con Giorgio de Chirico

MUSEO

PLANO: 2 P. 92 **D4**

No solo es uno de los artistas más prolíficos del s. xx, sino uno de los más viajados. Giorgio de Chirico, pintor y escritor italiano aunque nacido en Grecia, viajó por todo el mundo, y al hacerlo, inspiró lo que se convertiría en el movimiento surrealista. Aunque más tarde se pensó que había sufrido el síndrome de Alicia en el país de las maravillas, su particular genio ha dado lugar a una de las colecciones de arte más interesantes de Roma.

La **Fondazione Giorgio e Isa de Chirico** se encuentra en el apartamento de Piazza di Spagna que le servía de estudio; se puede acceder a su casa de tres plantas y disfrutar de una colección que engloba toda su carrera. Es una visión íntima de uno de los artistas más infravalorados de nuestros tiempos, que pintaba destinos populares con una luz totalmente nueva.

Es prescriptivo reservar, lo que se puede hacer a través de la web. Hay visitas los lunes, jueves, viernes y sábados a las 10.30, 11.30, 14.00 y 15.00, además del último domingo del mes a las 11.00, 14.00 y 15.00.

Rendir homenaje a un inglés en Roma

MUSEO

PLANO: 3 P. 92 **C4**

Puede parecer extraño pero la influencia británica en Italia, y en esta parte de Roma en particular, se remonta a varios siglos. El Grand Tour atrajo a muchos poetas ingleses románticos a la ciudad, y el que quizá fuera el mejor pasó sus últimos días en una casa junto a la escalinata de Piazza di Spagna.

La **Casa Keats-Shelley** está dedicada a los poetas que pasaron por ella, y el dormitorio que John Keats ocupó sigue intacto, cual santuario de su presencia. La biblioteca recoge más de 8000 volúmenes, lo que la convierte en una de las mejores colecciones de letras románticas del mundo. Pero quizá lo más impresionante sean las dos terrazas con panorámicas de la escalinata de Piazza di Spagna. Solo hay que pedir un té con pastas y disfrutar de una incomparable ventana con vistas al corazón de la Roma romántica.

Sentir el poder de los chopos

MONUMENTO

PLANO: 4 P. 92 **A1**

Aunque ahora se traduce cariñosamente como "plaza del pueblo", lo de Piazza del Popolo proviene del bosque de chopos (*pioppo,* en italiano) que la cubría antiguamente. En efecto, durante gran parte de la historia, la plaza servía para algo menos agradable que ver pasar a la gente.

Cuenta la leyenda que cuando el emperador Nerón murió, su cuerpo fue enterrado en el bosque frente a lo que ahora es **Porta del Popolo.** Pero Nerón es el "rey del drama" original, así que durante cerca de un milenio se consideró una tierra embrujada, hasta que se exhumó su cuerpo, se esparcieron sus cenizas por el Tíber y se exorcizó toda la zona. Se construyó una capilla sobre su tumba maldita, que se convirtió en la icónica basílica de Santa Maria del Popolo. Pero todo el mundo sabe lo difícil que es darle la vuelta a un lugar con mala fama, así que durante siglos se usó para ejecuciones públicas.

La característica más famosa de la *piazza* es el obelisco egipcio de Seti I, que se trajo a Roma en el 10 a.C. y que originalmente se colocó en el Circo Máximo. Se trasladó a la plaza en 1589, y se añadió la majestuosa **fuente de los leones** en la base en 1828 (después de las ejecuciones). El escultor romano Ceccarini diseñó la **fuente de Neptuno** en el lado oeste de la *piazza* y la **fuente de la Diosa Roma** en el este, las tres abastecidas por el famoso Acqua Virgo. Las "gemelas" **Chiesa di Santa Maria dei Miracoli** y **Basilica di Santa Maria in Montesanto** son menos fraternales de lo que parece a simple vista, pero la ilusión óptica que crean en el extremo sur de la plaza es una de sus características más peculiares.

IGLESIAS GEMELAS FRATERNALES

Aunque parezcan idénticas, la Basilica di Santa Maria in Montesanto y la Chiesa di Santa Maria dei Miracoli son dos templos claramente diferentes situados en un extremo de Piazza del Popolo, a ambos lados de Via del Corso. Los vestigios sobre los que había que construir cada uno de los edificios no eran exactamente iguales, así que el arquitecto Carlo Rainaldi, del s. XVII, tuvo que estrujarse el cerebro. Hay diferencias tanto dentro como fuera, así como en las leyendas que las rodean. Algo que ambas iglesias comparten es la cimera de Girolamo Gastaldi, el cardenal que financió su construcción.

Explorar la escalofriante cripta de los Capuchinos MUSEO

PLANO: 5 P. 92 F5

Hablando de invitados procedentes del infierno. Cuando los frailes capuchinos llegaron a la iglesia de Santa Maria della Concezione dei Cappuccini en 1631, trajeron 300 carretadas de huesos y tierra de Jerusalén, con la intención de volver a enterrar los restos de sus congéneres en suelo sagrado. Con el paso de los años y más hermanos que los acompañaban en el más allá, se necesitó más espacio. Así nació la cripta del **Convento dei Cappuccini,** un pequeño espacio tan macabro que incluso lo alabó el marqués de Sade.

Las seis salas de la cripta más tarde se convirtieron en parada recurrente del Grand Tour, e incluso Mark Twain escribió sobre el espectáculo de ver a los monjes "desmontados como si fueran relojes". Abierto cada día al público, el museo y la cripta se pueden visitar en 1 h. Para los amantes de las catacumbas, es una visita obligada.

Comer en un estudio de escultura MUSEO

PLANO: 6 P. 92 B3

¿En qué otro lugar del mundo es posible sentarse a comer o cenar en el antiguo estudio (y hogar) de uno de los mejores escultores de la historia? Por fuera, el **Canova Tadolini** puede parecer un café cualquiera en la superlujosa Via del Babuino, e incluso se puede pasar de largo pensando que no tiene nada de especial. Pero eso sería un gran error.

El venerable escultor veneciano Antonio Canova compró este edificio en 1818 para crear un espacio donde él y su pupilo Adamo Tadolini pudieran dedicarse enteramente a la escultura. Aunque Canova falleció pocos años después, Tadolini continuó con la tradición escultórica en este espacio, transmitiéndola a su propia estirpe. Tras una cuidada restauración, el lugar reabrió en el 2003 como restaurante-café dentro de un museo, con mesas repartidas entre casi 400 esculturas, incluidos bustos de papas, alas de arcángeles, figuras de reyes, santos y divinidades paganas.

Si se pasa por aquí y se para a tomar algo, se podrá pasear por las salas y admirar lo que parece una imposible colección de mármoles neoclásicos. Pero para una auténtica inmersión, lo mejor es reservar para almorzar o cenar (a un precio muy razonable) en este laberinto de salas, a cada cual más exquisita. Menos mal que existe Roma, a veces.

SUGERENCIAS

Lo mejor para...

Localizaciones en el plano de la **p. 92**

€ Económico €€ Medio €€€ Alto

Comer

Eficacia probada

Antica Birreria Peroni €€
7 C8
Cañas y platos clásicos desde hace más de un siglo; una apuesta segura cerca de la fuente de Trevi. *12.00-24.00 lu-sa*

Pastificio Guerra €
8 C4
Toda una institución con platos de pasta fresca para llevar por menos de 5 €. La mejor calidad-precio de la ciudad. *13.00-20.00*

Osteria Margutta €€
9 C3
Carta bien seleccionada y perfectamente complementada con vinos en una de las calles más hermosas de Roma. *12.30-15.00 y 19.30-23.00 ma-sa, 12.30-15.00 do*

Don Nino €
10 C4
La recompensa a la subida de las escaleras de Piazza di Spagna podría ser un *gelato* casero en la misma plaza. *9.00-22.00*

Un toque moderno

La Rinascente €€
véase 29 D6
El piso superior de estos famosos grandes almacenes ofrece excelente comida y una terraza estupenda. *10.00-23.00*

Emme Ristorante €€€
11 B2
Un poco apartado, pero recomendable por sus refinadas versiones de clásicos regionales en un entorno maravillosamente decadente. *12.30-14.30 y 19.00-22.30*

Frezza-Cucina De Coccio €€
12 A3
La cocina romana vuelve a ser divertida en este local propiedad del actor y director Claudio Amendola. *12.30-15.00 y 19.30-23.00 ma-vi, almuerzo hasta 16.00 sa y do*

Imàgo €€€
13 D4
Las vistas panorámicas desde lo alto de la escalinata de Piazza di Spagna lo convierten en uno de los restaurantes más buscados de la ciudad. *19.00-21.00 ma-sa*

'Brunch'

La Buvette €€
14 C3
Sitio muy solicitado, con un excelente listado de platos a base de huevo y una extensa carta de cafés y bollería. *8.00-23.00 lu-sa, 9.00-23.00 do*

Babington's Tea Rooms €€€
1 C4
La elegante carta de *brunch* de esta institución del barrio lo convierte en una visita obligada. Hay que reservar mesa y ver pasar el mundo. *9.00-22.00 mi-lu*

Hosteria del Mercato €€
15 C3
Oculto en un tranquilo jardín, está abierto todo el día y tiene zumos siempre frescos, desayunos saludables y un mercado de productos ecológicos. *9.00-23.00*

Beber

Vino

Cantina Belsiana
16 B4
Impresionante selección de vinos regionales bien maridados con *aperitivos* clásicos. *12:30-23.00*

Antica Enoteca
17 C4
Grandes vinos, grandes platos y gran ambiente en el corazón de la ciudad. *12.00-24.00*

Il Cesaretto
18 B3
Establecimiento modesto cerca de Piazza di Spagna con una gran selección de vinos y personal agradable. *Horario variable*

Cócteles

Il Palazzetto
19 D4
En lo alto del Hotel Hassler, esta elegante coctelería, sobre la escalinata de Piazza di Spagna, ofrece las mejores vistas. *12.00-20.30*

Chez Moi
20 C5
A veces solo se necesita un reservado de terciopelo y unas copas para echarse unos karaokes. *18.00-2.00*

Relais Fontana di Trevi Rooftop
21 D7
Hay que reservar y es caro, pero ofrece la mejor de las mejores vistas de la Fontana di Trevi. *Horario variable*

Darse un capricho

Salone Eva at the Palm Court
22 D4
Entorno opulento con comida y servicio excelente en el legendario Hotel Hassler. *12.00-22.30*

Stravinskij Bar
23 B2
Este bar en el jardín secreto del Hotel de Russie es de otra clase, pero merece el derroche. *10.00-1.00*

Comprar

Tiendas

Vertecchi Art
24 B4
Artículos de papelería artesanal demasiado hermosos para ser usados. *10.00-19.30 lu-sa, desde 11.00 do*

Artisanal Cornucopia
25 A2
En Via dell'Oca, una colección con artículos para todos los gustos. *10.00-19.00 lu-sa*

Grandes marcas

Zara
26 C6
Apreciada marca con una tienda enorme en Via del Corso. *10.00-21.00*

Lego Roma
27 A4
Gran selección de los clásicos montajes de la marca. *10.00-20.00*

Gap
28 B4
Sorprendente hallazgo en plena Via del Corso. *10.00-20.00*

Lujo

La Rinascente
29 D6
Los almacenes más elegantes de la ciudad permiten curiosear entre marcas de lujo en medio de un yacimiento arqueológico. *10.00-21.00 do-vi, hasta 22.00 sa*

Brunello Cucinelli
30 C4
El discreto rey del lujo finalmente ha abierto una *boutique* insignia en Roma, en la lujosa Via dei Condotti. *10.15-19.00 lu-sa, 11.00-19.00 do*

Hype Clothinga
31 B2
Los coleccionistas de zapatillas no pueden perderse sus Nike exclusivas, bastante caras, pero que valen lo que cuestan. *10.30-20.00*

★ MERECE LA PENA

Galería y jardines de Villa Borghese

Aunque las joyas que atesora se obtuvieron por medios más que dudosos, el Museo e Galleria Borghese es una de las principales colecciones de arte del mundo. Esta villa, además de ejemplificar el esplendor de la arquitectura italiana, permite maravillarse ante obras de Caravaggio, Rubens, Tiziano y Bernini. Es un destino para todo el día, independientemente de los intereses particulares.

CONSEJO
Solo pueden entrar hasta 180 personas a la vez en el museo, en intervalos de 2 h, por lo que hay que reservar aunque se tenga el Roma Pass.

Historia

El cardenal Scipione Borghese sufría por su arte; o más bien, hacía sufrir a los demás. El piadoso coleccionista era tan despiadado que en 1608 contrató a unos ladrones para que entraran en un convento en plena noche y robaran el retablo de *El traslado de Cristo* de Rafael; cuenta la leyenda que no pudo dormir hasta que fue suyo. También era conocido por encarcelar a artistas para poder conseguir sus obras, y a menudo confiscaba trabajos a quienes no pagaban los impuestos. Aunque sus métodos fueran de lo más cuestionables, el resultado de su obstinada persecución no tiene parangón.

La galería

Las 20 salas, el pórtico y la entrada que conforman la galería (foto dcha.) son obras de arte por derecho propio. Todas estas estancias están decoradas con increíbles frescos, empezando por el **vestíbulo,** cuyo techo de Mariano Rossi data de 1775-1779. La **sala de Hércules** es obra del tirolés Christoph Unterberger y presenta escenas de las famosas hazañas del mítico héroe. La **Lanfranco Loggia,** que contiene uno de los pocos frescos originales de

Escanea este código QR para hacer la reserva.

IULIIA STAROVA/SHUTTERSTOCK ©

la villa, está dedicada a algunos de los artistas más importantes del s. XVII, incluidos Bernini, Albani y Guercino. La regla de oro del Borghese es, “ante la duda, levanta la vista”.

La colección

Aunque toda la colección merece la pena, hay algunas obras maestras notables que no habría que perderse antes de agotar las 2 h. Piezas de Caravaggio como *Niño con un cesto de frutas, San Juan Bautista en el desierto, San Jerónimo escribiendo* y *Baco enfermo*. El gran Tiziano está representado con obras como *Flagelación de Jesús* y la icónica *Amor sacro y amor profano*. La escena de *El traslado de Cristo* de Rafael se suma a otras perlas de Baladocchio y Rubens. La escultura es otra de las disciplinas artísticas más importantes de la galería,

UNA PAUSA

El encantador **Casina del Lago** es ideal para sentarse a tomar algo y observar las barcas a pedales que retozan por el lago, normalmente en compañía de algún músico callejero.

AUDITORIUM PARCO DELLA MUSICA
Pulmón cultural de Roma, es la principal sala de conciertos de la capital.

con Bernini y Canova a la cabeza. "Ante la duda, mira a tu alrededor".

El parque

Las 80 Ha que conforman **Villa Borghese** son una increíble miscelánea de jardines paisajísticos, caminos y senderos con sombra ideales para visitar en cualquier época del año. El parque es gratis y tiene tres entradas principales. El **Parco dei Daini** es la más cercana a la galería y **Piazzale Belle Arti,** la más cercana al Laghetto. Hay un **estanque** donde se pueden alquilar barcas a pedales, y el **Pincio** ofrece excelentes vistas ascendentes sobre **Piazza del Popolo. Piazza di Siena** es una gran explanada donde a menudo se celebran conciertos y

BRZOZOWSKA/GETTY IMAGES ©

carreras de caballos y los **jardines secretos** abren en fechas concretas.

Los monumentos

Villa Borghese es también un museo al aire libre, con más estatuas, fuentes y esculturas de las que se pueden ver en un mes. No hay que perderse el **templo de Esculapio** en el centro del **Laghetto,** y el contiguo **arco de Séptimo Severo.** El **templo de Diana,** situado cerca de los monumentos a Goethe y Byron, es un notable homenaje a la diosa cazadora. También hay algunas de las fuentes más hermosas de Roma: la **fuente de la Alegría,** aunque ya no funciona, sigue ofreciendo una bonita estampa, y las cascadas de la **fuente de los Caballos de Mar** (foto izda.) también vale la pena.

Más en los alrededores

Los amantes de la escultura no pueden perderse el **Museo Pietro Canonica,** a menos de 10 min a pie de la galería, lleno de esculturas y efectos personales del artista. Para arte moderno, hay que ir al **Museo Carlo Bilotti,** situado en el fascinante Invernadero de Villa Borghese. Delante de la salida norte del parque, el fabuloso **Museo Nazionale Etrusco di Villa Giulia** y la imponente **Galleria Nazionale** también merecen un poco de tiempo.

La **Villa Ada,** uno de los parques más grandes de la ciudad, es ideal para correr un poco o dar un largo paseo. Diseñado por Zaha Hadid, el museo **MAXXI** de arte contemporáneo bien merece el desvío. El **Explora-Museo dei Bambini di Roma** está dedicado a los niños pero es igualmente divertido para los adultos (en serio). El **Museo Hendrik Christian Andersen** es otra de las joyas espectaculares de la Roma esquiva a simple vista.

EL BIOPARCO

Los amantes de los animales disfrutarán en esta reserva natural y museo zoológico al aire libre de 17 Ha, con exposiciones interactivas aptas para niños. Para más diversión de cuatro patas, uno de los mejores parques para perros de Roma está a los pies de la colina.

Sugerencias de lugares para comer, beber y comprar en **p. 119**

Explora
Monti y Esquilino

Prácticamente cualquier zona de la ciudad se cree merecedora de ser "la Roma auténtica", pero los barrios de Monti y Esquilino tienen cierta ventaja. Antaño dominio de burdeles y otros antros de inmoralidad, Monti es ahora un popurrí de comercios independientes ubicados en edificios cubiertos de enredaderas en calles de suelos empedrados. Al sur de Monti, Esquilino es más dinámico y esconde algunas de las ruinas romanas más olvidadas y curiosidades culinarias menos famosas pero justo por ello más meritorias.

Monti es como un universo en sí; Esquilino, como la encrucijada del mundo; y juntos forman una instantánea de la Roma de siempre, en versión macro y micro. Quizá por esto no se puede apreciar realmente el uno sin el otro.

Cómo desplazarse

Metro

Cavour (línea B) pasa por Monti y Vittorio Emanuele (línea A) y está más cerca de Esquilino. Termini es el nodo de transporte central: tanto la línea A como la B pasan por aquí.

Autobús

Termini es el centro principal, con servicios a toda la ciudad. Para ir a Monti, hay que parar en Via Nazionale o Via Cavour.

Tranvía

La línea 3 viene del Trastévere y pasa por el Coliseo, terminando en San Lorenzo, cerca del cementerio del Campo Verano.

Basilica di Santa Maria Maggiore (p. 117).
BAILEY-COOPER PHOTOGRAPHY/ALAMY STOCK PHOTO ©

★

LO MEJOR

Maravillarse con las obras de arte en el **PALAZZO MASSIMO ALLE TERME** (p. 115).

Descubrir la grandeza de la antigua **DOMUS AUREA** (p. 117).

Entre sus calles, los bares y tiendas de **MONTI** (p. 112) revelan una esencia única.

El **MERCADO DE ESQUILINO** (p. 117) despliega una vibrante mezcla de sabores.

CIRCUITO A PIE

Descubrir Esquilino

El viajero suele pensar que este barrio abarca poco más que la caótica zona en torno a la estación Termini. Sin embargo, Esquilino está lleno de reliquias que se remontan a los primeros asentamientos de hace milenios, a menudo ocultos a simple vista. Lo apropiado es una visita informal, disfrutando de los sabores romanos por excelencia allí donde nacieron.

INICIO	FINAL	DURACIÓN
Parque Colle Oppio	Via Merulana	3,3 km; 1½ h

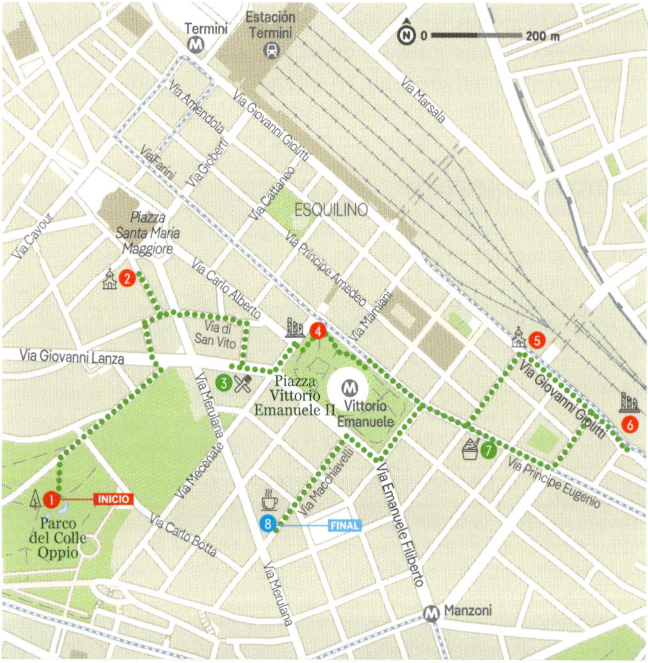

1 Parque Colle Oppio

Hogar de la espléndida Domus Aurea, esto era tierra de nadie hasta que un enorme proyecto de restauración empezó a mostrar las Termas de Trajano, senderos bien cuidados y una pista de patinaje mundialmente famosa.

2 Basilica di Santa Prassede

Eclipsada por la majestuosa Santa Maria Maggiore, es fácil no ver esta basílica medieval, que sin embargo posee unos mosaicos sin parangón.

3 Pasticceria Regoli

Desde 1916, esta pastelería familiar (p. 120) elabora montones del dulce más famoso de Roma, los *maritozzi* (un esponjoso brioche relleno de crema).

4 Porta Magica

Hubo un tiempo en que Piazza Vittorio Emanuele II era un lugar peligroso, pero desde su gran renovación en el 2020, es una de las plazas más agradables de la ciudad. No hay que perderse la misteriosa Porta Magica (Porta Alchemica), cuyas ruinas albergan uno de los varios santuarios de gatos de la ciudad.

5 Chiesa di Santa Bibiana

Este edificio de casi 2000 años y todavía en uso alberga unos frescos y reliquias maravillosos. Además, Bibiana es la santa patrona de las resacas, algo a tener no menos en cuenta.

6 Templo de Minerva Medica

Junto a la estación Termini, este edificio del s. IV no es el templo mencionado por Cicerón, sino un tributo a las ninfas que controlaban el abastecimiento del agua, ahora oficialmente uno de los ninfeos todavía en pie de Roma.

7 Palazzo del Freddo di Giovanni Fassi

Este cavernoso escaparate, que afirma ser la primera fábrica de *gelato* de Roma, abre hasta tarde y lleva 140 años oyendo a la gente decir *stracciatella*. Hay que buscar el letrero de Palazzo del Freddo (Palacio del Frío).

8 081 Caffe

En Roma está difícil hacerse con el título al mejor café, pero este establecimiento de barrio (p. 121) en Via Merulana se postula como un gran candidato.

CIRCUITO A PIE

Bares y tiendas de Monti

La oferta de bares de la zona encaja bien con el entorno: una selección sorprendentemente amplia y variada, desde establecimientos plebeyos hasta de lo más peripuesto, pero casi siempre con algún bar de barrio que por la noche se desparrama por los adoquines. Y si los bares propician las compras compulsivas, no hay que preocuparse, el beneficio muy posiblemente irá a parar a comerciantes independientes.

INICIO	FINAL	DURACIÓN
Micro Art Shop	Drink Kong	2 km; 2 h

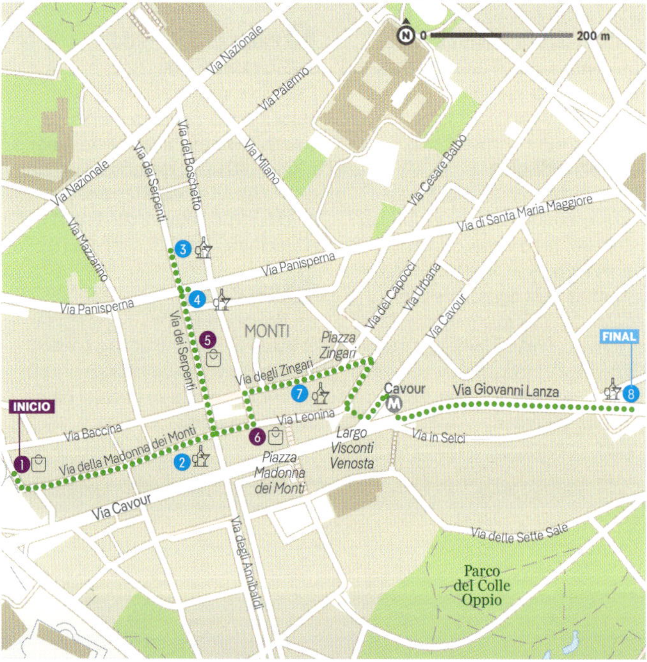

1 Micro Art Shop

El paseo empieza en esta tienda de barrio independiente (p. 121) de Via Tor di'Conti especializada en artistas y diseñadores locales. Ideal para comprar esa lámina especial, para regalar o no.

2 La Casetta a Monti

Este bar es tan coqueto (p. 121) que no necesitaría servir tragos tan buenos para triunfar, pero esa es la grata sorpresa. Permite disfrutar de las fachadas cubiertas de hiedra de Via Madonna dei Monti, cuyos adoquines se asientan sobre el antiguo Argiletum, y antiguamente era la calle de los libreros que se llenaba de jóvenes bohemios en tiempos del Imperio romano.

3 Rooftop Spritzeria Monti

Hay tanto que ver en Via dei Serpenti que es fácil pasar por alto la entrada a este bar de azotea (p. 121); hay que mirar arriba para dar con el hotel-*boutique* Condominio Monti, y atravesar el vestíbulo.

4 Ai Tre Scalini

Un bar de vinos (p. 120) con más de 120 años de historia en una de las calles más pintorescas de la ciudad. En los meses cálidos, las mesas de fuera están más que solicitadas.

5 Pifebo

Probablemente no se viene a Roma en busca de un Levi's *vintage*, pero tampoco suena tan mal. Todo puede ocurrir en esta tienda, un icono de las de segunda mano de Monti (p. 121).

6 King Size Vintage

Tienda de segunda mano que realmente hace justicia a su nombre (p. 121), con un caleidoscopio de estampados de poliéster, cuadros escoceses y lunares, irresistibles para los que disfrutan rebuscando.

7 Libreria Caffè Bohemien

Aunar alcohol y literatura es una apuesta segura. Y para demostrarlo está este gratísimo hallazgo donde los cócteles fluyen tan fácilmente como la prosa.

8 Drink Kong

Haber llegado hasta aquí tiene premio: se está en uno de los 50 mejores bares del mundo. Pero se recomienda haber reservado mesa (o taburete). Es un sitio (p. 120) de lo más informal, lo que se traduce en que todo el mundo es bienvenido.

Más información
Imprescindible p. 115
Experiencias p. 117
Comer p. 119
Beber p. 120
Comprar p. 121
0 200 m
Palazzo Massimo alle Terme
Termini
Estación Termini
Basilica di Santa Maria Maggiore
Museo delle Illusioni
Nuovo Mercato Esquilino
World Skate Park
Domus Aurea
Giardino del Quirinale
Piazza del Quirinale
Viminale (colina de Viminal)
Piazza del Viminale
Piazza dell'Esquilino
Piazza Santa Maria Maggiore
Piazza Manfredo Fanti
Piazza Vittorio Emanuele II
Vittorio Emanuele
Largo Angelicum
Casa dei Cavalieri di Rodi (Foros Imperiales)
Piazza Madonna dei Monti
Piazza Zingari
Cavour
Largo Visconti Venosta
Piazza San Martino ai Monti
Largo Brancaccio
MONTI
Parco di Traiano
Esquilino (colina de Esquilino)
ESQUILINO
Parco del Colle Oppio
Largo D Polveriera
Largo G Agnesi
Largo C Ricci
Foro Romano
Piazza Dante
Via del Quirinale
Via XXIV Maggio
Via Piacenza
Via della Consulta
Via Parma
Via Nazionale
Via Genova
Via San Vitale
Via Palermo
Via Milano
Via del Boschetto
Via Mazzarino
Via di Sant'Agata dei Goti
Via Panisperna
Via Cimarra
Via Baccina
Via Cavour
Via Firenze
Via Napoli
Via del Viminale
Via Agostino Depretis
Via Cesare Balbo
Via Urbana
Via di Santa Maria Maggiore
Via Liberiana
Via Paolina
Via dell'Olmata
Via dei Quattro Cantoni
Via Sforza
Via Giovanni Lanza
Via in Selci
Via delle Sette Sale
Via Eudossiana
Via del Fagutale
Via N Salvi
Via dei Fori Imperiali
Via del Colosseo
Viale del Monte Oppio
Via Farini
Via Gioberti
Via Filippo Turati
Via Giovanni Giolitti
Via Cattaneo
Via Principe Amedeo
Via Napoleone III
Via A Cappellini
Via Mamiani
Via Lamarmora
Via G Pepe
Via Principe Eugenio
Via Leopardi
Via Merulana
Via Buonarroti
Via Giusti
Via A Poliziano
Via Foscolo
Via Cairoli
Via Petrarca
Via Conte Verde
Via Nino Bixio
1 2 3 4
A B C D E F

★ IMPRESCINDIBLE

Palazzo Massimo alle Terme

La antigua Roma está presente por toda la ciudad moderna, pero en ningún sitio de manera tan concentrada y viva como en este palacio. El museo alberga algunas de las grandes obras de arte supervivientes de la Antigüedad, y brinda algo así como un recorrido a través del tiempo, sin duda un buen plan para pasar la tarde.

Esculturas

Probablemente no haya ninguna obra en todo el palacio tan famosa o conmovedora como el *Púgil en reposo,* un bronce helenístico de entre el 330 y el 50 a.C. Su belleza radica en la reproducción hiperrealista de los daños físicos que el deporte infligía en los cuerpos de los antiguos atletas y en la inquietante mezcla de orgullo y dolor que refleja su rostro. Esta es una de esas imágenes que queda grabada en la retina largo tiempo.

Las demás tallas de bronce, mármol y marfil también merecen los halagos. Destacan la *Doncella de Anzio,* el *Príncipe helenístico* o el *Rostro de marfil,* estrellas de una colección realmente excepcional.

Frescos y mosaicos

Muchas ruinas romanas conservan fragmentos de su decoración original, pero en el Palazzo Massimo se ve la exquisita e intricada artesanía que adornaba las prestigiosas villas de emperadores y senadores. El ejemplo más increíble de este arte se conserva en una sala sin ventanas y con control de temperatura en el 2º piso del museo: son los frescos de la **Villa de Livia** (foto p. 116), que cubren casi toda su superficie. Es toda una experiencia inmersiva, incluso apabullante, ver estas escenas

PLANO: P. 114 **D1**

CONSEJO
El Palazzo Massimo es uno de los cuatro edificios de los Museos Nacionales del circuito de Roma, con una entrada única que da acceso a todos y que se puede sacar en línea hasta una semana antes.

Escanea este código QR para más información sobre el museo.

HERCULES MILAS/ALAMY STOCK PHOTO ©

UNA PAUSA
En Piazza della Reppublica, el **Hummustown Kiosk** ofrece bebidas, *aperitivos* y dulces cuyos beneficios se destinan a apoyar a los refugiados sirios y de otras comunidades vulnerables en Roma.

tan magníficamente pintadas de los jardines de la villa, es imaginar a Livia Drusilla mostrándolos a sus invitados en su casa de campo.

En la galería de mosaicos, se observa un Dioniso en su tránsito de niño a luchador, así como reproducciones milenarias del río Nilo con unos detalles que siguen siendo hoy extraordinarios.

Monedas y piezas de colección

Aquí también se guarda una de las mayores colecciones de monedas y medallas romanas, con un inventario de más de medio millón de piezas. Esta exposición del sótano (junto con el igualmente fascinante Museo de Arte Rescatado, a solo una manzana de las Termas de Diocleciano) podría estar cerrada al público por mantenimiento, con vistas al jubileo del 2025; consúltese antes en el sitio web.

EXPERIENCIAS

Visitar el multicultural mercado de Esquilino MERCADO

PLANO: 1 P. 114 **F3**

No se ve mucha carbonara ni ambiente *dolce vita* en ese enorme mercado de abastos junto a la estación Termini, sino más bien la mezcolanza cultural de la Roma actual. Fundado en el s. XIX, el **Nuovo Mercato Esquilino** solía instalarse en Piazza Vittorio y aledaños, que se llenaban de fruta y verdura frescas y especias de todo el mundo. El mercado sobrevivió a los edictos fascistas y los barones del estraperlo, convirtiéndose en un reflejo del barrio que se conformaba a su alrededor.

Desde su traslado a este recinto a cubierto, el lugar tiene un carácter más funcional, con puestos de carne halal, pescado, vegetales y especias. Esto es la vida real: ancianas con sus carros de la compra que charlan con madres primerizas cargadas con su hijo en la espalda, y las llamadas a la oración que se acoplan a los gritos de ofertas dos por uno de los vendedores. Quizá resulte inesperado, pero esto es puro Roma.

Se recomienda perderse por sus pasillos y tomarse un tiempo para elegir la cena. El mercado abre a diario (excepto los domingos) desde las 5.00.

Investigar los secretos de Santa Maria Maggiore IGLESIA

PLANO: 2 P. 114 **D2**

Una de las siete iglesias de peregrinación de Roma, la **Basilica di Santa Maria Maggiore** es la última morada de siete papas y uno de los templos más espectaculares de la ciudad. Podrían pasarse horas observando sus singulares mosaicos del s. V que representan escenas del Antiguo y el Nuevo Testamento y el impresionante arco del triunfo. Santa Maria Maggiore también tiene su propia Capilla Sixtina (que no debe confundirse con la que requiere horas de espera), al final de la calle. Aunque la iglesia no recibe tantas visitas como el Vaticano, habrá que estar dispuesto a lidiar con las hordas de peregrinos que seguro acudirán para celebrar el año jubilar. Efectivamente, este puede ser uno de los mejores sitios para observar los rituales que acompañan las celebraciones papales, ya que es una parada importante en las procesiones santas que recorren la ciudad durante el año. Y si entra el hambre, el Molino, en Via Merulana, ofrece productos de panadería pecaminosamente deliciosos. ¡Nadie es perfecto!

Explorar la Domus Aurea, el palacio subterráneo de Nerón MONUMENTO

PLANO: 3 P. 114 **C4**

Cerca del Coliseo, dentro del parque Colle Oppio, la Domus Aurea es uno de los puntos de interés más increíbles de una ciudad que tiene tanto donde elegir. El palacio de verano de Nerón contenía supuestamente 300 habitaciones que acogían las bacanales que cabría esperar de este emperador perturbado. Los arqueólogos han excavado una trentena, y se puede programar una visita guiada para ver algunas, una experiencia realmente sorprendente. Es buena idea dejar al resto del mundo hacer cola en el Coliseo en plena canícula, porque en las profundidades de la Domus Aurea se está bien fresquito todo el año. ¡Quizá el emperador no estaba tan loco!

Es necesario reservar; las visitas están disponibles en italiano e inglés. En el sitio web figuran los horarios, información sobre exposiciones especiales y reservas.

El parque de patinaje del Coliseo — MONUMENTO

PLANO: 4 P. 114 **C4**

No hay modo de saber qué habría sido de Nerón si hubiera vivido hoy, pero lo más probable es que habría sido un revolucionario. Quizá por eso parece acertado que su antiguo patio de recreo sea ahora el **World Skate Park,** donde la gente invoca a su Tony Hawk interior. Envuelto en las ruinas de las Termas de Trajano y parte de la "Polveriera" donde se fabricaba munición en el s. XVI, el parque tiene una cancha de baloncesto y zonas de ejercicio exteriores, todo de acceso libre. Si no fuera por la sombra del Coliseo que se alza por detrás, podría pensarse que esto es Nueva York o Los Ángeles. Resulta algo incongruente, pero funciona. Seguro que Nerón lo habría aprobado.

El parque abre de 6.30 a 21.00 y es uno de los mejores lugares para obtener una vista despejada del Coliseo. El adyacente Caffè dello Studente garantiza también buenos cafés, bebidas y tentempiés.

Perderse en el Museo delle Illusioni — MUSEO

PLANO: 5 P. 114 **D3**

Roma acapara claramente el mercado de monumentos históricos y museos llenos de un inimaginable patrimonio. Pero ¿a quién le importa todo esto cuando se puede caminar del revés? El Museo de las Ilusiones está frente a Santa Maria Maggiore, y si no se sabe que está allí, perfectamente podría confundirse con una simple tienda. Forma parte de la ilusión.

Dentro se pueden recorrer los infinitos reflejos de la sala de la Infinidad y caminar por las paredes en la sala de la Antigravedad. La sala Ames transforma al visitante en una versión mínima de sí mismo y en la Mesa de los Clones el visitante se sienta frente a sus réplicas. Después de cuestionarse la cordura, se puede visitar la respetable colección de hologramas e ilusiones ópticas. Es una manera ideal de pasar un par de horas, especialmente si se va con niños, o para refugiarse del calor o la lluvia. Hay que reservar las entradas en la web si se planea ir en fin de semana, cuando suele llenarse... ¿o no?

Lo mejor para...

€ Económico €€ Medio €€€ Alto

Localizaciones en el plano de la **p. 114**

Comer

'Trattorie' eternas

Taverna dei Fori Imperiali €€
6 A3
Uno de los grandes referentes de Monti, con una carta honesta de clásicos y un servicio fantástico, incluso estando llena. *12.00-15.00 y 19.30-22.30 mi-lu*

Trattoria Monti €€
7 E3
Posiblemente el mejor comedor de Roma. Es difícil conseguir mesa, pero vale la pena insistir. *13.00-14.45 y 20.00-22.45 ma-sa, 13.00-14.45 do*

Cuoco & Camicia €€
8 C3
Un recién llegado pero con una carta perfectamente pensada y ejecutada de clásicos regionales. *19.00-23.00 lu-vi, 12.30-14.30 y 19.00-23.00 sa*

Oferta internacional

Hasekura Ristorante Giapponese €€
9 B3
Uno de los japoneses más auténticos de la ciudad, con el esmerado romano Jun Kobayshi siempre al frente. *12.30-14.30 y 19.30-23.00 ma-sa, 19.30-23.00 lu*

Ristorante Sichuan €€
10 D3
Es normal que las colas de residentes ante este restaurante de barrio no agraden, pero ese olorcito a cangrejo picante... *11.00-15.00 y 17.30-23.00 mi-lu, 17.30-23.00 ma*

7 Seven Lanka €
11 E4
Este establecimiento familiar en Via Merulana cambia la carta a diario, y nunca decepciona. Su *kottu roti* cura todos los males. *11.00-22.00*

Mercados de carne

Mercato Centrale €
12 E2
En la parte más fresca de la estación Termini, gran selección de productos horneados, filetes y los mejores embutidos. *7.30-24.00*

Norcinera Cecchini €
13 E4
Si tanta variedad abruma, el increíble personal del lugar preparará un plato que seguro no decepcionará. *8.00-14.15 y 16.30-20.00 lu-sa*

Er Buchetto €
14 C1
Vale la pena hacer cola con los residentes para un bocadillo de *porchetta* que cuyo recuerdo perdurará hasta que se tengan nietos (y seguro que sigue aquí cuando ellos visiten Roma). *10.00-15.00 y 17.00-21.00 lu-vi, 10.00-15.00 sa*

Horneados

Forno Conti €€
15 E4
Ambiente escandinavo relajado, panes estelares y *cronuts* de todos los tamaños y rellenos. *8.30-18.00 lu-vi, hasta 15.30 sa*

Pasticceria Regoli €
16 D3
Hay que hacer cola para conseguir un *maritozzo*, y nadie se arrepiente de ello. *7.00-19.00 mi-lu*

Antico Forno ai Serpenti €
17 B2
Un clásico del barrio donde sirven *aperitivos* deliciosos todo el día. *8.00-21.00*

Comida callejera

Zia Rosetta €
18 C3
Exquisitos bocadillos, con el icónico panecillo romano y todo tipo de rellenos. *11.00-16.00 lu-ju, 11.00-16.30 y 18.00-22.00 vi-do*

Hummustown Kiosk €
19 C1
Entidad sin ánimo de lucro que ayuda a los refugiados con los beneficios de la venta de comidas deliciosas en Piazza della Reppublica. *9.00-20.00*

Trapizzino €
véase 12 E2
En el Mercato Centrale, con el 'triángulo' más sabroso de Roma (pídase el de lengua). *11.00-24.00*

'Pizza'

Trieste Pizza €
20 C3
El estilo de la *minipizza* redonda procede de Pescara, pero ya hace décadas que Roma lo adoptó. *11.00-22.30 do-ju, hasta 23.00 vi y sa*

Zizzi Pizza €
21 D3
Un laboratorio artesanal consagrado a la *pizza* con increíble comida callejera y cerveza local. *11.00-22.30 ma-do*

Pizza & Mortadella €
22 B3
La antigua fuente en el exterior es otro de los encantos de este excelente establecimiento que ofrece porciones y mucho más. *12.00-24.00*

Beber

Cócteles y clubes

Drink Kong
23 D3
Digno merecedor del título de uno de los 50 mejores bares del mundo, con un ambiente de lo más relajado. *18.30-14.00*

Nite Kong
24 D3
La última adquisición de la familia Kong es una elegante coctelería, ideal para disfrutar de una noche en la ciudad. Solo con reserva. *21.00-2.00 ju-sa*

Race Club Speakeasy
25
El ambiente de bar clandestino es fuerte aquí, aunque quizá no tanto como los cócteles. *22.00-3.00*

Blackmarket Hall
26 C2
Comer, beber, amar y escuchar buena música. *18.00-2.00 lu-sa, 17.30-1.00 sa*

Sanctuary Eco Retreat
27 D4
Un amplio club de interior y exterior, con lanzafuegos, una piscina y clientela vip. *Horario variable*

El 'aperitivo' A+

Ai Tre Scalini
28 B3
Si un bar sobrevive 120 años es que no lo hará tan mal, especialmente en lo que afecta a los vinos de calidad y las frondosas vistas a la ciudad. *12.30-00.15*

Rooftop Spritzeria Monti

29 B2

Un bar de azotea con tantas variaciones de *spritz* como para una investigación académica; mejor estudiarlas. *17.00-24.00 do-ju, hasta 1.00 vi-sa*

La Casetta a Monti

30 B3

Este lugar sintetiza a la perfección la estética de Monti; hay que verlo para creerlo. *18.00-2.00*

Locales de barrio

Bar allo Statuto

31 E3

Cerveza, vino, *pizza* y anarquía: ¿qué más se puede pedir en un viaje de fin de semana en la ciudad? *7.00-24.00*

081 Cafe

32 E4

El mejor café de Roma es de Nápoles, y la vida callejera, de lo mejorcito. *8.00-19.00*

Fafiuchè

33 A3

Establecimiento de barrio por excelencia, ideal para tomar los mejores vinos del Piamonte desde el 2007 en el corazón de Monti. *18.00-24.00 lu-sa*

Comprar

Pequeño pero poderoso

Micro Art Shop

34 A3

Gráficos, diseños y libros de artistas romanos que pueden ser grandes regalos. El propietario Solko es artista, DJ y todo un campeón. *11.30-19.00 mi-do*

Hang Roma

35 B3

En esta pequeña tienda, la propietaria, Federica, confecciona artículos de piel mientras charla con la clientela, y todo con mucho arte. *10.30-19.00 lu-sa*

Elena Kihlman

36 C3

Esta tienda de inspiración escandinava es Monti por excelencia: pequeña, repleta y desbordante de color. *10.00-20.00*

Joyas 'vintage'

King Size Vintage

37 B3

Es la tienda *vintage* soñada: una absoluta locura. *12.00-20.00*

Pifebo

38 B3

Quizá no se necesite un Levi's *vintage*, pero se recomienda echar un vistazo. *11.00-20.00 lu-sa 12.00-20.00 do*

Blue Goose

39 B2

Algo lujosa, pero con auténticos tesoros, seguro que se quiere mantener en secreto. *Horario variable.*

Leyendas locales

Bordi Fine Arts

40 D3

Los amantes del arte se regocijarán ante la selección de pasteles, óleos y demás accesorios de esta tienda centenaria. *10.00-13.00 y 16.00-19.00 lu-vi, 10.00-13.00 sa*

Suede

41 B3

Antes en el corazón de Monti, esta fabulosa tienda de zapatillas se ha trasladado una manzana más arriba y ha mejorado. *10.30-13.30 y 14.30-19.30 ma-sa*

Grezzo

42 C2

Para quien quiera gastar todo el presupuesto de las vacaciones en chocolate. *12.00-13.00 y 13.30-20.00 lu-sa, 12.00-20.00 do*

CIRCUITO A PIE

Los murales de San Lorenzo

Este barrio conserva el espíritu rebelde de Berlín, de Shoreditch o del Nueva York de 1990. Todavía lleno de estudiantes, inmigrantes y familias generacionales de un auténtico barrio de clase trabajadora, San Lorenzo vibra con los sonidos y los sabores que caracterizan Roma.

INICIO	FINAL	DURACIÓN
Tram Tram, via dei Reti	Said dal 1923, via Tiburtina	2,5 km; 4 h

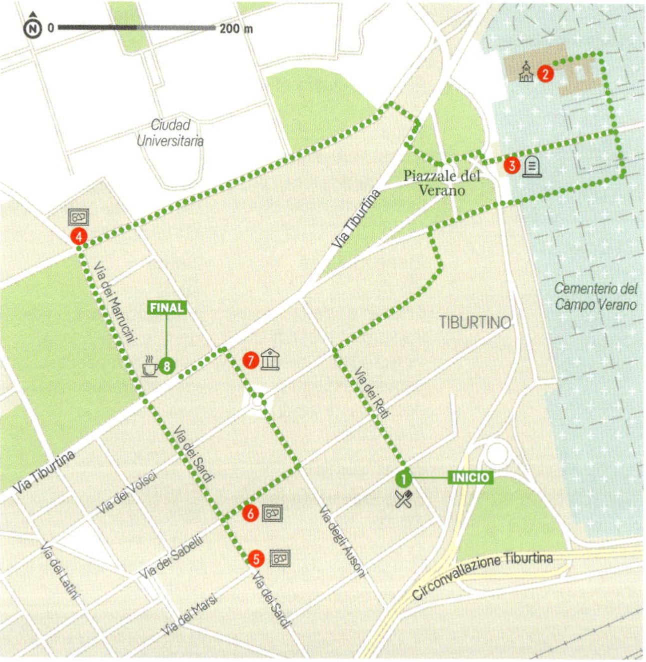

1 Todos a bordo del Tram Tram

Toma el nombre del viejo tren que pasa por delante y ofrece una carta que parece el resultado de una charla entre amigos a altas horas de la madrugada en la mesa de la cocina. Hay que reservar para almorzar y tomarse un tiempo para saborear su ingeniosa combinación de clásicos de Apulia y Roma.

2 Basilica di San Lorenzo Fuori le Mura

Después de comer, se inicia el paseo hasta la basílica del barrio, una de las mayores de Roma. Su pórtico del s. XIII y suelo cosmatesco son excelentes, como de costumbre.

3 Cementerio del Campo Verano

Podría considerarse el Père Lachaise de Roma, con personalidades de la *dolce vita* como Marcello Mastroianni, Vittorio de Sica y Vittorio Gassman, y figuras influyentes como Maria Montessori y los poetas Trilussa y Grazia Deledda.

4 'Kidz are the Future'

Obra de un colectivo de artistas, este gran mural se realizó para conmemorar el 70º aniversario de la Declaración Universal de los Derechos Humanos.

5 Mural de Elisa Caracciolo

Una de las declaraciones más evocadoras -y por desgracia todavía vigente- se presenta en forma de mural dedicado a las mujeres víctimas de la violencia de género. Las cifras de muertes se representan con muñecas de papel con el nombre propio en cada una.

6 Encontrar el camino

Quizá la artista callejera más famosa de Roma, Alice Pasquini, ha ayudado a poner San Lorenzo en el mapa global. Una de sus obras más famosas es un inmenso mural en Via dei Sabelli titulado *La Strada la Trovi da Te*. Es un guion gráfico, una vida en movimiento y, en definitiva, una brizna de esperanza.

7 Fondazione Pastificio Cerere

Esta antigua fábrica de pasta es ahora uno de los principales espacios de arte de Roma, con exposiciones, talleres de moda, un estudio de fotografía, una biblioteca y una academia de bellas artes. Y claro, también un restaurante que sirve una pasta tremendamente deliciosa.

8 Said dal 1923

¿Qué mejor que un sedoso chocolate a la taza en una fábrica que lo elabora a la perfección desde hace un siglo? Este referente del barrio abre hasta tarde.

Sugerencias de lugares para comer y beber en **p. 133**

Explora
San Giovanni y Celio

Al sureste del centro, el residencial San Giovanni se abre en abanico desde su emblemática basílica cerca de las murallas aurelianas. Oficialmente llamado Appio Latino, el barrio se extiende por Via Appia Nuova, arteria principal llena de tiendas, bares, bloques de pisos del s. XIX y grandes almacenes. Tiene unos pocos puntos de interés imprescindibles y en general es una zona animada y cada vez más interesante gastronómicamente. Al este, la verde colina de Celio es bastante más apacible. A menudo un barrio ignorado por los turistas que se apresuran hacia el cercano Coliseo, tiene algunas basílicas medievales y una calma meditativa, coronada por un delicioso parque en lo alto de la colina, Villa Celimontana.

Cómo desplazarse

Autobús
Los más útiles son el n° 85, que va a San Giovanni desde Termini vía Piazza Venezia y el Coliseo; y el n° 87, que para en San Giovanni de camino a/desde el centro histórico.

Metro
Para ir a San Giovanni, hay que tomar la línea A a San Giovanni (donde se puede conectar con la línea C) o Re di Roma. Desde el Coliseo (línea B) es fácil andar hasta Celio.

Tranvía
El n° 3 enlaza San Giovanni con Testaccio y el Trastévere.

Basilica di San Giovanni in Laterano (p. 129).
ATLANTIDE PHOTOTRAVEL/GETTY IMAGES ©

★

LO MEJOR

Experimentar la espiritualidad en su máxima expresión en la **BASILICA DI SAN GIOVANNI IN LATERANO** (p. 129).

Explorar los distintos niveles de la **BASILICA DI SAN CLEMENTE** (p. 131).

La **CHIESA DI SANTO STEFANO ROTONDO** (p.131) promete una experiencia espeluznante.

Disfrutar de un retiro relajante en **VILLA CELIMONTANA** (p. 131).

CIRCUITO A PIE

Los tesoros de San Giovanni y Celio

Ocupando una extensa área que comprende parques, calles comerciales y restaurantes, San Giovanni y Celio agradecen un enfoque comedido. Este paseo atraviesa ambos barrios, revelando basílicas, extraordinarias decoraciones eclesiásticas, tesoros subterráneos y una famosa *trattoria*.

INICIO	FINAL	DURACIÓN
Piazza di San Giovanni in Laterano	Via Magna Grecia	4 km; 2½-3 h

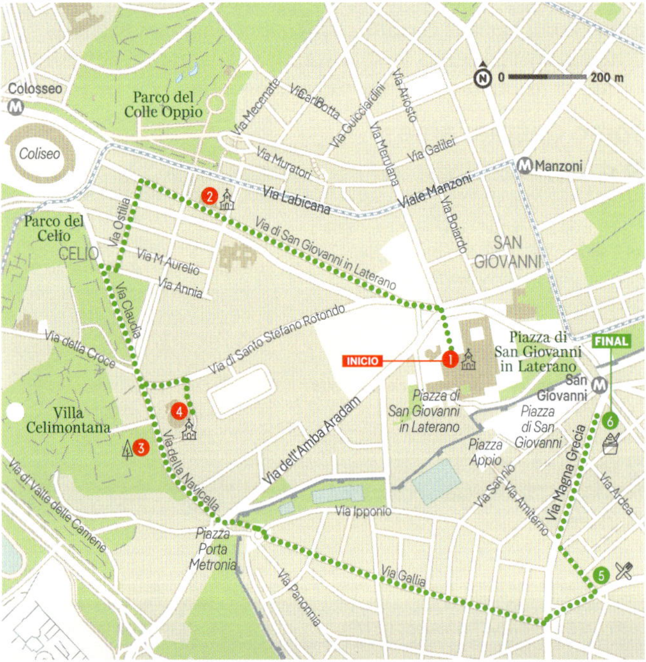

1 Basílica prodigiosa

Se empieza en la **Basilica di San Giovanni in Laterano** (p. 129), cerca de la estación de metro de San Giovanni. Durante mil años, esta inmensa iglesia fue la más importante del cristianismo y el adyacente Palazzo Laterano, la residencia oficial del papa, lo que quizá no sorprenda tras confirmar su tamaño y lujoso interior.

2 Bajo tierra

Tras visitar la basílica y admirar el obelisco más grande del mundo, se baja por Via di San Giovanni in Laterano. Al final de la calle, la medieval **Basilica di San Clemente** (p. 131) es uno de los tesoros desconocidos de Roma, con un asombroso mosaico en el ábside y dos niveles subterráneos de ruinas.

3 Descanso en el parque

De nuevo en la superficie, cuesta arriba por Via Ostilia, Via Claudia y Via della Navicella se llega a **Villa Celimontana** (p. 131). Poca gente se acerca a este maravillosamente apacible parque de Celio, con senderos y riberas cubiertas de césped muy agradables de recorrer.

4 La cámara de los horrores

Un poco más lejos del parque, la **Chiesa di Santo Stefano Rotondo** (p. 131), del s. v, constituye una visita espeluznante. En una zona apartada, en principio parece un lugar encantador con una fachada porticada y un interior circular, pero agudizando más la vista, se aprecia que los frescos describen los terribles martirios de muchos cristianos primitivos.

5 Almuerzo en una 'trattoria'

Desde la iglesia, se toma Via della Navicella, pasando por Porta Metrunia y subiendo por Via Gallia hasta el barrio de San Giovanni. Aquí, entre las tiendas, cafés, restaurantes y bloques residenciales, se encuentra la fantástica y popular *trattoria* local **SantoPalato** (p. 133), aunque conviene reservarse para un segundo postre en la última parada del circuito.

6 Postre dulce

Tras el almuerzo, se baja por Via Magna Grecia hasta la **Gelateria Rivareno** (p. 133) para culminar el circuito con un lujoso helado cubierto de nata.

Más información
Imprescindible p. 129
Experiencias p. 131
Comer p. 133
Beber p. 133
0
200 m
Colosseo
Coliseo
Piazza del Colosseo
Via N Salvi
Parco del Colle Oppio
Via della Domus Aurea
Via Celio Vibenna
Viale del Parco del Celio
Parco del Celio
CELIO
Celio (colina de Celio)
Piazza dei Santi Giovanni e Paolo
Clivo di Scauro
Via della Croce
Via Claudia
Via Ostilia
Via dei Santi Quattro
Via Capo d'Africa
Via M Aurelio
Via Annia
Via dei Normanni
Via di Querceti
Piazza di San Clemente
Via Muratori
Via Mecenate
Via A Poliziano
Via Carlo Botta
Via Guicciardini
Via Ruggero Bonghi
Via P Villari
Via Merulana
Via Alfieri
Via Ariosto
Via Galilei
Viale Manzoni
Via Labicana
Via Boiardo
Basilica di San Clemente
Basilica dei SS Quattro Coronati
Via di San Giovanni in Laterano
SAN GIOVANNI
Via di Santo Stefano Rotondo
Chiesa di Santo Stefano Rotondo
Via della Navicella
Villa Celimontana
Parco di Porta Capena
Via di Valle delle Camene
Piazza Porta Metronia
Via di Sant' Erasmo
Via dei Valeri
Via dell'Amba Aradam
Via de Ferratella in Laterano
Via Ipponio
Santuario de la Scala Santa y Sancta Sanctorum
Basilica di San Giovanni in Laterano
Piazza di San Giovanni in Laterano
Piazza di Porta San Giovanni
Piazzale Appio
San Giovanni
Piazza di San Giovanni
Piazza Appio
Via Sannio
Via Amiterno
Via Magna Grecia
Via Veio
Via Ardea

★ IMPRESCINDIBLE

San Giovanni in Laterano

Es la catedral oficial de Roma y, en su calidad de obispo de Roma, sede papal. Consagrada en el año 324, fue la primera basílica cristiana que se construyó en la ciudad y todavía es venerada como la *mater et caput* ("madre y cabeza") de todas las iglesias católicas.

PLANO: P. 128 **E3**

CONSEJO
Aparte de para algunas festividades, la basílica raramente se llena. Tras pasar el control de seguridad, la visita dura cerca de 1 h.

Fachada

Coronada por 15 estatuas de 7 m de altura (Jesucristo, con san Juan Bautista, Juan el Evangelista y los 12 apóstoles), su inmensa fachada tardobarroca se debe a Alessandro Galilei en 1735. En el pórtico tras las columnas, las puertas centrales de bronce fueron trasladadas aquí desde la Curia, en el Foro Romano y, más a la derecha, la **Puerta Santa** solo se abre en años jubilares.

Interior

La primera impresión al entrar en la iglesia es sencillamente de amplitud: este espacio es todo un ejercicio de humildad. El reverberante interior revestido de mármol debe gran parte de su aspecto al arquitecto barroco Francesco Borromini que lo rediseñó para el jubileo de 1650. Sin embargo, mantuvo algunos elementos originales, como el techo artesonado dorado, que data del s. XVI, y el suelo cosmatesco del s. XV. En el centro de la iglesia, la extensa nave central está flanqueada por unas esculturas del s. XVIII de los **apóstoles,** de 4,6 m de alto cada una, enmarcadas en unos espectaculares nichos.

En el fondo de la nave, un baldaquín gótico se eleva sobre el **altar papal.** Del s. XIV, se dice que contiene las reliquias de las cabezas de san Pedro y san Pablo. Enfrente, en la base del altar, la **tumba**

Escanea este código QR para información oficial.

DIMITAROMI/SHUTTERSTOCK ©

UNA PAUSA
Cerca de la basílica, hay restaurantes recomendables como **Il Bocconcino** (p. 133), tipo *trattoria*, en dirección al Coliseo, o el **SantoPalato** (p. 133), todo un clásico de San Giovanni.

del papa Martín V está junto al confesionario y una estatua de madera de san Juan Bautista.

El inmenso ábside está decorado con excelsos mosaicos, algunos de ellos de la basílica original del s. IV. La mayoría, sin embargo, se añadió en la década de 1800. En el otro extremo de la basílica, un incompleto **fresco de Giotto** decora el primer pilar de la nave a mano derecha.

Claustro

Del s. XIII (entrada 4 €), el lugar es un oasis de paz. Distribuidos alrededor de un jardín central, los corredores están flanqueados por columnas grácilmente retorcidas y fragmentos de mármol de la iglesia original, los restos de un **trono papal** del s. V e inscripciones de dos bulas papales.

EXPERIENCIAS

Descender a los secretos de la Basilica di San Clemente RUINAS SUBTERRÁNEAS

PLANO: 1 P. 128 **C2**

Ningún otro lugar ilustra mejor las profundidades de Roma que los varios niveles de la basílica de San Clemente. A ras de calle, la **basílica superior** presenta un maravilloso mosaico del s. XII en el ábside y magníficos frescos del s. XV con una Crucifixión y episodios de la vida de Santa Catalina. Un piso más abajo, la **basílica inferior,** del s. IV, fue prácticamente destruida por los invasores normandos en 1084, aunque aún muestra algunos descoloridos frescos del s. XI. Pero es que, escalera abajo, aguarda otro nivel, con una **casa romana del s. I** y un oscuro **templo a Mitra** del s. II. Y debajo de todo, el rugido de un **manantial subterráneo** suena a través de una rejilla en el suelo.

Las entradas a las zonas subterráneas (10 €) deben reservarse en línea a través de basilicasanclemente.com.

Descubrir los frescos de la Basilica dei SS Quattro Coronati BASÍLICA

PLANO: 2 P. 128 **C2**

Poca gente lo hace, pero vale la pena acercarse a esta basílica para admirar sus exquisitos frescos medievales. Las pinturas del s. XIII del **oratorio de San Silvestro** describen la historia del emperador Constantino, el papa Silvestre I y la llamada Donación de Constantino, un famoso documento falso por el que el emperador cedía supuestamente el control sobre Roma y el Imperio romano de Occidente al papado.

El oratorio abre de 9.15 a 12.15; hay que llamar al timbre en el segundo patio.

Estremecerse ante la decoración de la Chiesa di Santo Stefano Rotondo IGLESIA

PLANO: 3 P. 128 **C3**

Las iglesias de Roma custodian muchas obras maestras, pero pocas tan macabras como los frescos de esta. Con representaciones de las torturas que sufrieron los mártires cristianos, fueron encargados durante los conflictos religiosos de la Contrarreforma del s. XVI, cuando la Iglesia católica intentaba detener la ola de protestantismo e inspirar a nuevos fieles.

Aparte de este arte pesaroso, la iglesia, del s. V, tiene un interior circular lleno de luz con un anillo de columnas de mármol dispuestas en torno a un altar mayor central.

Cargar pilas en Villa Celimontana PARQUE

PLANO: 4 P. 128 **B4**

A un agradable paseo desde el Coliseo, Villa Celimontana es un lugar delicioso para aislarse de las multitudes y reponer fuerzas. El parque, que se extiende desde una **villa** del s. XVI que alberga la Sociedad Geo-

MITRA, EL CULTO SUBTERRÁNEO

En las tinieblas bajo la Basilica di San Clemente se esconde un templo romano de Mitra. El mitraísmo era muy popular en la Antigüedad, especialmente en círculos militares. Según la mitología, el Sol ordenó a Mitra, un dios joven, que matara un toro salvaje. Cuando el animal expiró, dio vida, pues su sangre hizo crecer trigo y otras plantas. Los templos a Mitra, llamados mitreos, casi siempre estaban en lugares subterráneos o en cuevas, reflejando la creencia de que la caverna representaba el cosmos. En estos mitreos, los devotos celebraban complejos ritos de iniciación y comían pan y agua para simbolizar el cuerpo y la sangre del toro.

gráfica Italiana, suele estar muy tranquilo siempre, excepto durante la popular temporada estival de **conciertos** de *jazz* y *swing*.

Subir al cielo en el santuario de la Scala Santa SITIO RELIGIOSO

PLANO: 5 P. 128 **E3**

A diferencia de algunas de las iglesias estilo museo, en esta reina un ambiente genuino de devoción. El santuario, cerca de la basílica de San Giovanni, alberga la **Scala Santa,** una escalinata de mármol que supuestamente subió Jesús en el palacio de Poncio Pilates en Jerusalén. Los peregrinos la consideran sagrada y la suben de rodillas, rezando una plegaria en cada uno de sus 28 peldaños. En lo alto, visible detrás de una rejilla de hierro, el ricamente decorado **Sancta Sanctorum** (entrada 3,50 €) sirvió de capilla privada del papa durante siglos.

'Rock' en San Giovanni CONCIERTO

A quien le guste la música italiana, o simplemente la fiesta, San Giovanni es lugar ideal el 1 de mayo. Para celebrar el **Primo Maggio,** cientos de miles de fans peregrinan hasta **Piazza di San Giovanni** para disfrutar del **concierto del primer de mayo** gratis de la ciudad. El ambiente festivo se caldea durante la tarde y la noche mientras grandes estrellas italianas y alguna foránea entretienen a las masas extasiadas.

Lo mejor para...

€ Económico €€ Medio €€€ Alto

Localizaciones en el plano de la **p. 128**

Comer

'Pizza' y helado

Sbanco €
6 F4
Suntuosos *aperitivos* fritos, *pizzas* creativas al horno de leña, cerveza artesana y ambiente de almacén en esta pizzería de San Giovanni. *19.30-23.30, hasta 24.00 vi y sa*

Li Rioni €
7 C2
La mejor *pizza* romana de masa fina de Celio, a poca distancia del Coliseo. *19.00-00.00 mi-lu*

Gelateria Rivareno €
8 F4
Esta diminuta gelateria de Via Magna Grecia ofrece ricos helados artesanales coronados con nata. *12.00-1.00 do-vi, hasta 2.00 sa*

Cocina regional

SantoPalato €€
9 F4
Moderna *trattoria* de estética *retro*, el "palacio santo" y su clásica cocina romana lleva años al frente de la vibrante oferta culinaria de San Giovanni. *12.30-15.00 y 19.30-22.00*

Il Bocconcino €€
10 B2
Una de las mejores opciones cerca del Coliseo, destaca por su auténtica comida regional. *12.30-15.30 y 19.00-23.00 ju-ma*

Divin Ostilia €€
11 B1
Agradable bar de vinos (italianos) que ofrece fuentes de queso y embutidos, y pasta clásica, cerca del Coliseo. *12.00-23.30, bar hasta 1.00*

Cocina creativa

Dogma €€
12 F4
Esta marisquería entusiasma a propios y extraños desde su apertura en el 2022. Estilosa y moderna, su fuerte es la brasa, de pescado y marisco, claro. *13.00-14.30 y 20.00-22.30 mi-do*

Aroma €€€
13 B1
Vistas de ensueño al Coliseo y cocina mediterránea de vanguardia galardonada con una estrella Michelín, en la azotea del hotel Palazzo Manfredi. *12.30-15.00 mi-do y 19.00-23.30 diario*

Beber

Cocktails

Blind Pig
14 F3
Buena coctelería tranquila de San Giovanni, también con excelentes *focaccias*. *18.30-2.00*

Court
15 B1
Distinguido y panorámico bar de hotel, ideal por las vistas al Coliseo y copas sofisticadas. Se requiere reserva. *18.00-2.00*

Local gay

Coming Out
16 B1
Junto al Coliseo, se anima por la noche, cuando reinan los cócteles y el karaoke sube el volumen. *8.00-2.00*

Sugerencias de lugares para comer, beber y comprar en **p. 144**

Explora
Aventino y Testaccio

Al sur del centro histórico, el cimero barrio de Aventino es uno de los más elegantes y deseados de la ciudad. Una calma inusual envuelve estas calles en las que viven sus acomodados residentes en atractivas villas de estilo Liberty o *art nouveau* italiano. Su principal interés son las maravillosas vistas y el jardín de naranjos de lo más alto, uno de los rincones más románticos de Roma.

A los pies de la colina, Testaccio es harina de otro costal. Antiguo barrio de clase trabajadora convertido en centro gastronómico y de vida nocturna, ahora es famoso por sus *trattorie* clásicas, popular mercado y vida nocturna discotequera. La gentrificación ha hecho su aparición, pero el vecindario aún conserva un carácter sencillo y cotidiano, como de pequeño pueblo por derecho propio.

Cómo desplazarse

Autobús

El nº 714 para en las Termas de Caracalla y el nº 75 recorre Testaccio (Via Marmorata) y Aventino.

Metro

Para ir a Testaccio, hay que tomar la línea B hasta Piramide. Se puede andar hasta Aventino desde Testaccio o Circo Massimo (línea B).

Tranvía

El nº 3 circula por Viale Aventino y atraviesa el centro de Roma por Testaccio desde Villa Borghese hasta el Trastévere pasando por el Coliseo y San Giovanni.

Giardino degli Aranci (p. 142).

DMYTRO SURKOV/SHUTTERSTOCK ©

LO MEJOR

Vivir la experiencia de la antigua Roma en las **TERMAS DE CARACALLA** (p. 140).

La **BASILICA DI SANTA SABINA** (p. 143) ofrece una visita religiosa enriquecedora.

Contemplar las vistas de San Pedro desde **VILLA DEL PRIORATO DI MALTA** (p. 142).

Descansar de la multitud en el **CIMITERO ACATTOLICO PER GLI STRANIERI** (p. 142), un refugio verde.

CIRCUITO A PIE

El alma de Testaccio

Con sus bloques de viviendas del s. XIX y su mercado histórico, este itinerario es como una rendija a la Roma de barrio. No está exactamente fuera del circuito turístico, pero tampoco muy masificado, y tiene mucho que ofrecer, desde tradicionales *trattorie* romanas hasta un histórico cementerio y un antiguo matadero transformado en centro de arte contemporáneo.

INICIO	FINAL	DURACIÓN
Cimitero Acattolico per gli Stranieri	Piazza Testaccio	2,5 km; 2-3 h

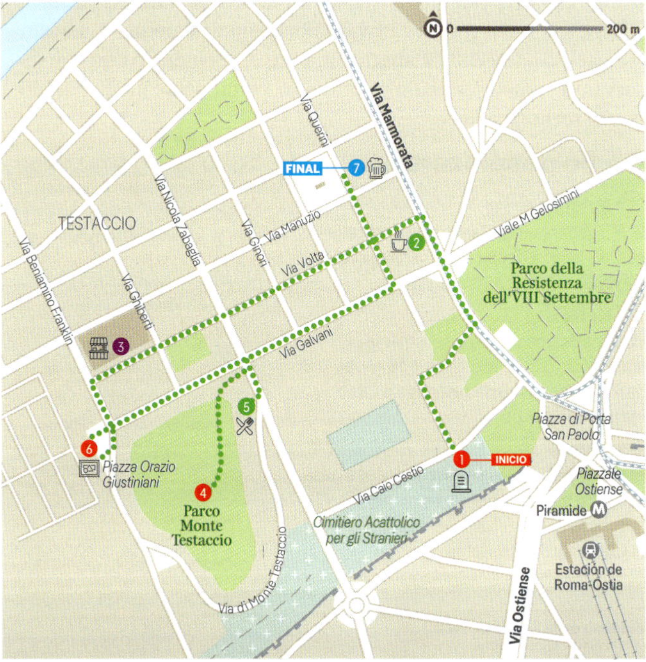

1 Cementerio romántico

Se respira una cierta nostalgia en el **Cimitero Acattolico per gli Stranieri** (p. 142), o "cementerio no católico para extranjeros". Amurallado, aquí descansan los restos de los poetas Keats y Shelley y otras celebridades como el escritor Johann Goethe y el pensador político Antonio Gramsci. Sin embargo, el enterramiento más espectacular, una antigua tumba romana en forma de pirámide, queda extramuros.

2 Dulces placeres

Para despertar de la melancolía elegíaca del cementerio, qué mejor que un estimulante café con un *cornetto* (cruasán lleno de mermelada, nata o chocolate) en la **Pasticceria Barberini** (p. 145) en la calle principal de Testaccio.

3 Vida de mercado

Tras el desayuno, se prosigue hacia el **Nuovo Mercato di Testaccio** (p. 139), la célebre plaza del barrio, lleno de puestos que tientan con sus productos frescos y accesorios artesanales, además de tentempiés rápidos, como *pizzas* en porciones o bocadillos bien rellenos.

4 Antiguo basurero

Se termina la mañana en un antiguo vertedero. El **monte Testaccio** (p. 143), cubierto de hierba, es un enorme cúmulo de 54 m hecho de fragmentos de ánfora (*testae,* en latín), de cuando Testaccio era el antiguo puerto fluvial de Roma.

5 Comida con alma romana

Flavio al Velavevodetto (p. 144), una clásica *trattoria* junto al monte Testaccio, es ideal para almorzar, con una carta de auténticos platos romanos como *carciofo alla giudia* (alcachofa frita) y *rigatoni alla carbonara* (pasta con salsa de huevo y papada de cerdo curada).

6 Arte contemporáneo

Tras el sustento corporal, toca alimentar el alma en el **Mattatoio** (p. 143), uno de los principales espacios de arte contemporáneo de la ciudad. Este complejo del s. XIX fue el matadero principal de Roma hasta 1975.

7 Una cerveza para terminar

Una cerveza en **L'Oasi della Birra** (p. 145), en la *piazza* principal de Testaccio, es un buen colofón al paseo. Tiene marcas internacionales y una terraza ideal para observar el movimiento del barrio.

Giardino degli Aranci
Basilica di Santa Sabina
Villa del Priorato de Malta
Giardino di Sant'Alessio
Roseto Comunale
Largo Arrigo VII
Piazza del Tempio di Diana
Piazza Santa Prisca
AVENTINO
Piazza Sant'Anselmo
Piazza dell'Emporio
Piazza Albania
Foro Romano
Circo Massimo
Via del Circo Massimo
Celio (colina de Celio)
Villa Celimontana
Organización de la ONU para la Alimentación y la Agricultura (FAO)
Parco di Porta Capena
Termas de Caracalla
Viale Aventino
Viale della Piramide Cestia
Parco della Resistenza dell'VIII Settembre
Piazza Santa Maria Liberatrice
Nuovo Mercato di Testaccio
Parco Monte Testaccio
Monte Testaccio
Mattatoio
Cimitero Acattolico per gli Stranieri
Piramide de Caio Cestio
Piramide
Estación de Roma-Ostia
Piazzale Ostiense
OSTIENSE
Piazzale dei Partigiani
Campo Boario (Foro Boario)
Largo GB Marzi
Ponte Testaccio
Piazza V Conciarri
Río Tíber
Piazza Porta Portese
Piazza di San Francesco d'Assisi
Piazza Bernardino da Feltre
Viale delle Mura Portuensi
Porta di Ripa Grande
Via Marmorata
Viale Marco Polo
Viale Guido Baccelli
Via di Valle delle Camene
Más información
Imprescindible p. 139
Experiencias p. 142
Comer p. 144
Beber p. 145
Comprar p. 145
200 m

★ IMPRESCINDIBLE

Nuovo Mercato di Testaccio

Este mercado de barrio regala un vistazo a la vida cotidiana de Roma. Entre semana, el lugar bulle de actividad con los residentes que se aprovisionan de alimentos frescos y prendas básicas. Al mediodía, el movimiento se traslada a los populares puestos de comida callejera.

PLANO: P. 138 **B3**

El edificio

Desde el 2012, el mercado ocupa un moderno edificio construido exprofeso. Diseñado por el arquitecto Marco Rietti, su estructura blanca de acero visto permite que la luz natural penetre a través del techo de cristal. Unos cubos de terracota en las paredes exteriores recuerdan las ánforas hechas añicos que conforman el cercano monte Testaccio.

Puestos y comida callejera

Dispuestos en abanico desde una zona central de bares, un centenar de puestos atienden a los compradores, incluidos estudiantes (de la facultad de arquitectura cercana), profesionales y turistas. Aquí se vende desde pan recién horneado y productos de temporada hasta artículos para el hogar, calzado, bisutería y moda artesanal.

Si el hambre aprieta, nada como los sitios de comida, como el **Mordi e Vai** en el puesto 15, que vende un *panino con l'allesso di scottona* (bocadillo de ternera estofada extra tierna), el **Food Box,** en el 66, especializado en tentempiés fritos crujientes, o la **Casa Manco,** en el 22, que ofrece deliciosas porciones de *pizza*. Para algo más refinado, en el puesto nº 18, **Da Corrado al Banco 18,** ofrece buen vino regional acompañado de quesos.

CONSEJO

Los puestos de comida callejera se abarrotan a la hora del almuerzo (12.30-14.00); es mejor llegar un poco antes o más tarde. Más información en la página de Facebook del mercado.

Escanea este código QR para información de especialidades y horarios.

★ IMPRESCINDIBLE

Termas de Caracalla

A los pies del monte Aventino, este es uno de los yacimientos antiguos más impresionantes de Roma. Las imponentes ruinas del complejo de termas del emperador Caracalla, del s. II, están bien señalizadas y no suelen llenarse, así que la visita resulta maravillosamente fascinante.

PLANO: P. 138 **F3**

CONSEJO
La visita dura 1-1½ h. En verano, una experiencia singular es asistir a una ópera aquí; en operaroma.it figuran los detalles de los conciertos.

Escanea este QR para detalles prácticos.

Historia

Las termas, inauguradas en el año 216, ocupaban 10 Ha entre baños, gimnasios, bibliotecas, tiendas y jardines, y recibían unas 8000 personas al día, mientras que bajo tierra cientos de esclavos se encargaban de la operatividad del complejo sistemas de fontanería en una red de túneles de 9,5 km. Se necesitaban unas 10 toneladas de madera al día para calentar el agua, que se canalizaba por un acueducto especialmente construido para tal fin.

Los baños se usaron hasta el 537, cuando los invasores visigodos cortaron el suministro de agua. Le siguieron siglos de saqueo y excavaciones. En particular, durante el papado de Pablo III del s. XVI, se desenterraron varias esculturas importantes, algunas expuestas hoy en los Museos Vaticanos.

Las ruinas hoy

La mayoría de lo que queda son las **termas centrales.** Era un enorme edificio rectangular enmarcado por dos *palestre* (gimnasios) y centrado en un *frigidarium* (sala de agua fría), donde los bañistas se refrescaban después del más cálido *tepidarium* y la *caldaria* (sala de agua caliente), abovedada. Al final de los ejercicios, la gente se relajaba en la *natatio* (piscina), columnada.

La primera zona a la que se accede es la **'palestra occidentale'** (gimnasio occidental) desde donde una pasarela de madera conduce sobre un

MISTERVLAD/SHUTTERSTOCK ©

suelo de mosaico hasta la **'natatio'** y, más allá, la **'palestra orientale'** (gimnasio oriental). En el recorrido, se observa una losa de mármol picado a la derecha. Es una tabla de un antiguo juego llamado *tropa* o "juego del agujero".

Desde el gimnasio oriental, un sendero de gravilla retorna por el **'frigidarium'.** Antaño ricamente decorada, a lo largo de los siglos esta monumental sala ha servido de inspiración para edificios como, p. ej., la Union Station en Chicago o la de Pennsylvania original en Nueva York.

Domus di Vigna Guidi

Enfrente de la *palestra orientale,* se puede visitar la recién restaurada Domus di Vigna Guidi, una casa del s. II parcialmente destruida por la construcción de los baños. Mención especial merecen los frescos del **'sacellum'** (sala de oración).

UNA PAUSA
La mejor opción después de las Caracalla es ir a Testaccio y disfrutar de una excelente comida típica en **Piatto Romano** (p. 144).

EXPERIENCIAS

Pasear por el Cimitero Acattolico per gli Stranieri

CEMENTERIO

PLANO: 1 P. 138 C4

Presidido desde fuera por la incongruente pirámide de Testaccio, en realidad una tumba del s. I a.C., este cementerio amurallado es un apacible oasis de verdor, ideal para tomarse un momento de descanso. Unas 4000 personas no católicas yacen en el lugar, a la sombra de los pinos y esbeltos cipreses. Entre todas las notables tumbas, destacan las de los poetas románticos Shelley y Keats, ambos fallecidos en Italia, el intelectual marxista Antonio Gramsci y Andrea Camilleri, creador del popularísimo inspector Montalbano.

Entre las lápidas, cabe mencionar la del **'Angelo del dolore',** una escultura muy reproducida de 1894 que el artista estadounidense William Wetmore Story creó para la tumba de su esposa.

Mirar por la cerradura de Villa del Priorato di Malta

VISTA

PLANO: 2 P. 138 C1

En una ciudad llena de perspectivas inspiradoras, la famosa vista desde la cerradura del Aventino es increíble. Hay que subir a Piazza dei Cavalieri di Malta, una hermosa plaza del s. XVIII flanqueada por la ornamental fachada de Villa del Priorato di Malta. Aparentemente, no hay nada a la vista, pero si se mira por la cerradura de la puerta verde de la villa, se ve la cúpula de la basílica de San Pedro perfectamente alineada al final de una avenida bordeada de setos. Sorprende la pura perfección geométrica, aunque resulta muy difícil de fotografiar.

Disfrutar de las vistas celestiales en el Giardino degli Aranci

PARQUE

PLANO: 3 P. 138 C1

No hay lugar más embriagador para ver la puesta de sol que este jardín, también llamado Parco

COCINA TRADICIONAL DE TESTACCIO

Sello distintivo de una auténtica carta de restaurante romano, la cocina de casquería ("del morro al rabo") surgió en Testaccio en torno al matadero, cuando la paga de sus trabajadores se redondeaba con cortes de carne baratos. Aún hoy, muchas *trattorie* del barrio deleitan con platos tradicionales a base de estos productos. Incluyen *pajata* (intestinos de ternera), *trippa* (tripa), *coratella* (corazón, pulmón e hígado) y *animelle* (mollejas), así como *coda alla vaccinara* (rabo de toro), *testarella* (cabeza), *lingua* (lengua) y *zampe* (manitas de cerdo). *¡Godere!*

Savelli. Un pequeño parque amurallado en lo alto del monte Aventino, es un romántico edén de naranjos en flor, imponentes pinos y vistas de ensueño sobre los tejados de la cúpula de San Pedro, que parece empequeñecerse mientras se avanza por el parque (hacia la cúpula), en aparente contradicción con las leyes de la física.

Ver la Crucifixión en la Basilica di Santa Sabina BASÍLICA

PLANO: 4 P. 138 **C1**

En la frondosa cima del Aventino, esta solemne basílica es un hermosísimo templo cristiano temprano, aunque ha sufrido varias modificaciones y quedan pocos elementos de su estructura original del s. v. Entre esos escasos supervivientes están las puertas de madera de ciprés, con 18 paneles tallados que representan pasajes bíblicos, incluida una de las más antiguas representaciones de la Crucifixión que existen. Es difícil de distinguir en la parte superior izquierda, pero ahí están Jesús y los dos ladrones en posición de cruz, aunque, curiosamente, sin cruces.

También destaca la lápida de Muñoz de Zamora, uno de los padres fundadores de la orden de los Dominicos, en el suelo de la nave.

Visitar el monte Testaccio, un antiguo vertedero CIRCUITO

PLANO: 5 P. 138 **B4**

Para conocer el corazón de Testaccio, lo mejor es hacer un circuito guiado por el monte Testaccio. Conocida localmente como Monte dei Cocci, esta colina artificial cubierta de hierba es en realidad una pila de fragmentos de ánforas rotas (*testae* en latín, de ahí el nombre de Testaccio).

Entre el s. II a.C. y el III d.C., Testacccio fue el puerto fluvial de Roma. Las provisiones de aceite de oliva se transportaban en enormes ánforas de terracota que, una vez vaciadas, se rompían y sus restos se apilaban cerca de los almacenes. Con el tiempo, este cúmulo se transformó en una considerable colina de 50 m de alto: el monte Testaccio. Para más información sobre el circuito y la visita, consúltese 060608.it.

Explorar el lado alternativo de Testaccio en el Mattatoio CENTRO DE ARTE

PLANO: 6 P. 138 **B4**

Durante casi un siglo, Testaccio fue el hogar de uno de los mataderos más grandes e importantes de la ciudad hasta su cierre en 1975, un espacio que más tarde resurgió como centro de arte contemporáneo, el Mattatoio. Actualmente, sus cavernosas salas albergan frecuentes exposiciones, instalaciones y espectáculos de artistas internacionales establecidos y emergentes. Al lado, la **Città dell'Altra Economia,** cubierta de grafitis, programa fiestas y otros eventos en una zona donde antes estaban las jaulas de animales.

SUGERENCIAS

Lo mejor para...

€ Económico €€ Medio €€€ Alto

Localizaciones en el plano de la p. 138

Comer

Platos clásicos romanos

Piatto Romano €€
7 B3
Trattoria con una fiel clientela por sus clásicos bien ejecutados y uso de hierbas y especias. *12.30-15.30 y 19.30-23.30 lu-sa*

Agustarello a Testaccio €€
8 B3
Tan auténtica como la vida misma, esta humilde *trattoria* de barrio ofrece comida tradicional y clásicos de casquería. Se recomienda reservar; para paladares aventureros. *12.30-15.00 y 19.30-24.00 lu-sa*

Felice a Testaccio €€
9 B3
La moderna decoración de esta popular *trattoria* contrasta con su oferta de clásicos. Buena carta de vinos. Hay que reservar con bastante antelación. *12.30-15.30 y 19.00-23.30*

Flavio al Velavevodetto €€
10 B3
En una villa de color rojo pompeyano junto al monte Testaccio, esta *trattoria* disfruta de fama local por su sensata cocina romana. *12.30-15.00 y 19.30-23.00*

'Pizza'

Casa Manco €
véase 22 B3
En el puesto 22 del mercado de Testaccio venden deliciosas *pizzas* en porciones con ingredientes como queso gorgonzola, uvas, miel y nueces. *9.30-14.30 lu-sa*

Pizzeria Da Remo €
11 B2
Hay que hacer cola para disfrutar de la mejor *pizza* romana. Decoración sencilla, camareros bruscos, soberbios tentempiés fritos y *pizzas* crujientes de masa finísima. *19.00-1.00 lu-sa*

Comida callejera

Da Corrado al Banco 18 €
véase 22 B3
Fantástico puesto de vinos y quesos (nº 18) del mercado de Testaccio donde disfrutar de excelentes caldos naturales y quesos del país. *8.30-15.30 lu-sa*

Trapizzino €
12 B3
Inventor del *trapizzino,* una especie de bocadillo híbrido elaborado con un cono de mullida *focaccia* y rellenos como albóndigas en salsa de tomate. *12.00-23.00*

Mordi e Vai €
véase 22 B3
A la hora del almuerzo hay que abrirse camino a través de la multitud en el aclamado puesto nº 15 del mercado, donde preparan *panini* rellenos con variedad de carnes romanas. *8.00-15.00 lu-sa*

Food Box €
véase 22 B3
Los típicos tentempiés fritos de Roma son los protagonistas del estupendo puesto nº 66 del mercado de Testaccio. Las crujientes *supplì* (albóndigas de arroz) están deliciosas. *10.30-15.00 lu-vi, hasta 16.00 sa*

Ocasiones especiales

Marco Martini Restaurant €€€

13 D2

El restaurante con estrella Michelin del hotel Corner Townhouse ofrece cenas informales con platos creativos inspirados en las tradiciones culinarias italianas. *12.00-15.00 y 19.00-00.30, cerrado sa almuerzo y do*

Dulces, bollería y 'gelato'

Torcè €

14 D2

Famosa por sus helados de sabores originales, esta *gelateria* del Aventino promete gratos momentos. *12.00-21.00 ma-do, más tarde en verano*

Casa Manfredi €

15 D2

Elegante café-*pasticceria* del Aventino ideal para un desayuno dulce, un almuerzo ligero o un *aperitivo* vespertino. También elaboran bollería y helados artesanales. *7.30-21.00 lu-vi, desde 8.00 sa, 8.00-20.00 do*

Pasticceria Barberini €

16 C3

Histórico café de Testaccio famoso por sus *cornetti* (cruasanes) y dulces caseros, como un pequeño tiramisú en taza de chocolate. *6.00-21.00*

Beber

Cócteles y cervezas artesanas

Tram Depot

17 C3

Con terraza exterior, guirnaldas de luces y ambiente festivo, este encantador bar-quiosco es ideal para tomar un café, un *grattachecca* (granizado de frutas) o un cóctel refrescante. *8.00-2.00 may-oct*

L'Oasi della Birra

18 B3

Una institución de Testaccio, con cervezas internacionales, vino, queso y embutidos, en su estrecha bodega o en la agradable terraza de la *piazza*. *16.30-1.00 lu-sa, desde 18.00 do*

Ch 1887

19 B4

Encima del restaurante Checchino Dal 1887, este bar oculto es como un secreto local. Aquí los cócteles son cosa seria, perfectamente acompañados de tentempiés de inspiración romana. *19.30-24.00 mi-do*

Comprar

Comida y vino

Volpetti

véase 16 C3

Una de las charcuterías más famosas, llena de exquisiteces *gourmet*: quesos italianos, pastas caseras, aceites de oliva, vino y grapa. *10.00-14.00 lu-vi y 16.00-20.00 ma-vi, 9.00-20.00 sa*

Enoteca Bernabei

20 C3

Si se quiere comprar vino, esta histórica enoteca posee una amplia selección de caldos italianos e internacionales, así como licores y bebidas espiritosas. *9.30-20.30 lu-sa*

Ropa y accesorios

Getcool

21 C3

Discreta pero estilosa tienda cerca de Piazza Testaccio, para ropa de mujer de moda. *10.00-14.00 y 15.30-19.30 lu-sa*

Adelaide Testaccio

22 B3

Coloridos diseños de Adelaide Albinati en menaje, cerámica y ropa; puesto n° 28 del mercado de Testaccio. *10.00-15.00 lu-sa*

CIRCUITO A PIE

Recorrer Ostiense y San Paolo

Muy distinto de las zonas más turísticas, el barrio sureño de Ostiense regala una instantánea sin filtros de la vida romana. Este recorrido muestra sus puntos de interés, como una central térmica transformada en museo de arte clásico y la segunda mayor iglesia de la ciudad, pero también sus lóbregas calles postindustriales, murales desafiantes y bares estudiantiles.

INICIO	FINAL	DURACIÓN
Basilica di San Paolo Fuori le Mura	Doppiozeroo	4,5 km; 3 h

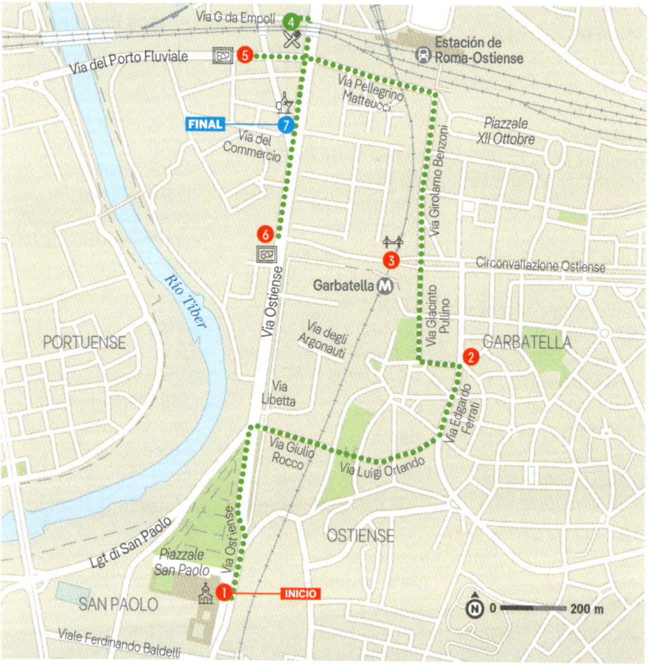

1 Colosal basílica papal

Situada en el supuesto lugar de enterramiento de san Pablo, **San Paolo Fuori le Mura** es una de las cuatro basílicas principales de la ciudad. La iglesia original fue destruida por un incendio en 1823 y gran parte de lo que se ve hoy es una reconstrucción del s. XIX. Quedan algunos tesoros originales, como el arco de triunfo y el tabernáculo gótico.

2 Ciudad jardín

Desde la basílica, se asciende a **Garbatella.** Fundado como un barrio-jardín para trabajadores, este vecindario idiosincrático sirvió más tarde de morada a los desplazados por los megaproyectos de Mussolini. Sus calles son fascinantes, con frondosas villas, enormes bloques de viviendas, bares tranquilos y monumentos como el Teatro Palladium, de estilo *art déco.*

3 Icono moderno

Por Via Giacinto Pullino, a la izquierda se ve el **Ponte Settimia Spizzichino,** un puente blanco con arcos que une Garbatella con Via Ostiense. Lleva el nombre de la única mujer que sobrevivió a una deportación del gueto judío en 1943.

4 Pausa para almorzar

Se puede comer algo en el gigantesco complejo gastronómico Eataly o, si es fin de semana, en la contemporánea **Trattoria Pennestri,** famosa por su cocina romana actualizada.

5 Arte callejero

Después de comer, es el momento de explorar el arte callejero de Ostiense. En **Via del Porto Fluviale** se despliega una de las obras más destacadas, una imponente imagen de seis pisos de una garza. En la misma calle hay otra famosa composición, la de unos rostros gigantes en un antiguo cuartel, aunque un poco deslucida.

6 Arte e industria

Para ver arte de corte más clásico, subiendo por Via Ostiense, hay que ir a la **Centrale Montemartini,** una sucursal de los Museos Capitolinos ubicada en una antigua central térmica que yuxtapone audazmente escultura clásica con gigantescos motores diésel y turbinas de vapor.

7 Hora del 'aperitivo'

Para terminar, se retrocede hasta **Doppiozeroo,** donde se congregan los residentes para su *aperitivo* vespertino. Si aún queda energía, la fiesta continúa en el Circolo degli Illuminati, uno de los clubes nocturnos más famosos del barrio.

★ MERECE LA PENA

Ruta por la Via Appia Antica

Hay senderos, caminos, y luego está la "reina de las calzadas". En efecto, el único motivo de que "todos los caminos llevan a Roma" son las piedras de la Appia Antica. Hoy en día, este parque nacional es un auténtico museo al aire libre, bordeado de reliquias y ruinas de un antiguo imperio.

CONSEJO
Es mejor ir en metro hasta Circo Massimo y luego tomar el autobús nº 118, o en metro hasta San Giovanni y después el autobús nº 118, 218, 660 o 663.

Escanea este código QR para horarios.

Iglesia del Domine Quo Vadis

Esta minúscula iglesia está a menos de 1 km de la entrada de la **Porta San Sebastiano** y se halla en el lugar de un encuentro realmente memorable. Cuenta la leyenda que cuando el apóstol Pedro encontró a Jesús aquí en su huida del martirio, le preguntó, "Domine, quo vadis?" ("¿A dónde vas señor?") y Jesús le contestó, "Venio Romam iterum crucifigi" ("Voy a Roma a que me crucifiquen de nuevo"). En el interior de la iglesia se conserva una réplica de piedra de las huellas dejadas por sus santos pies.

Ciudades subterráneas

Las **Catacombe di San Callisto** (foto arriba) zigzaguean más de 20 km y fueron el cementerio oficial de la iglesia de Roma en el s. III. Cerca de medio millón de cristianos fueron enterrados aquí, incluidos 16 papas.

Hay que reservar un circuito para la visita, de unos 40 min. Las **Catacombe di San Sebastiano** se extienden 12 km, pero también son notables por sus mausoleos del s. II y la **Basilica di San Sebastiano,** que alberga el *Salvador Mundi,* la última escultura de Bernini. Las **Catacombe di Santa**

TAKASHI IMAGES/SHUTTERSTOCK ©

Domitilla estaban protegidas por la nobleza romana, y los soldados Nereo y Achillo, masacrados durante la persecución del emperador Diocleciano en el 304, están enterrados aquí.

Monumentos en la superficie

La enorme **Villa di Massenzio (Majencio)** consta de tres edificios principales: el palacio, el mausoleo y el circo, que se extiende casi 2 km por la antigua Via Appia. El **Circo de Majencio** es la pista mejor preservada de Roma, solo por detrás del Circo Máximo en tamaño.

Mausoleo de Cecilia Metella

Inmediatamente después de este complejo, el imponente **mausoleo de Cecilia Metella** domina la calzada. Probablemente construido por su hijo en el

UNA PAUSA
El encantador **Appia Antica Caffè** se encuentra donde quizá hubo una estafeta de correos; hay bebidas, tentempiés y alquilan bicicletas a peregrinos y paseantes.

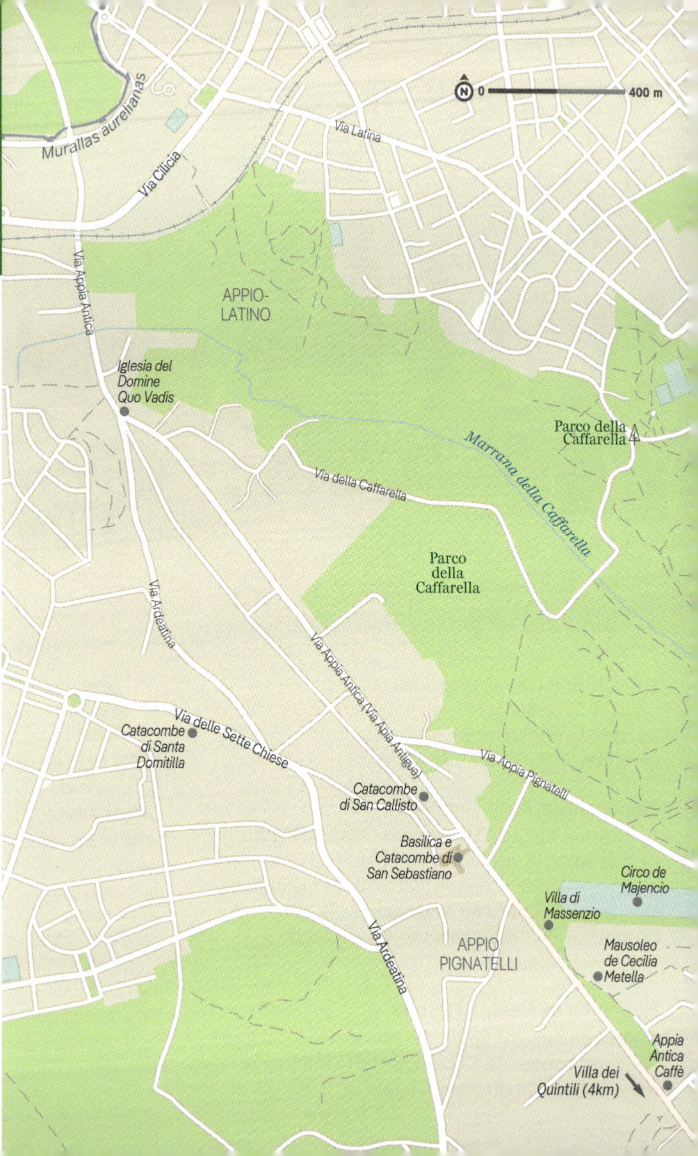
0
400 m
Murallas aurelianas
Via Cilicia
Via Latina
Via Appia Antica
APPIO-
LATINO
Iglesia del
Domine
Quo Vadis
Parco della
Caffarella
Marrana della Caffarella
Via della Caffarella
Parco
della
Caffarella
Via Ardeatina
Via Appia Antica (Via Apia Antigua)
Via delle Sette Chiese
Catacombe
di Santa
Domitilla
Via Appia Pignatelli
Catacombe
di San Callisto
Basilica e
Catacombe di
San Sebastiano
Circo de
Majencio
Villa di
Massenzio
Mausoleo
de Cecilia
Metella
APPIO
PIGNATELLI
Via Ardeatina
Appia
Antica
Caffè
Villa dei
Quintili (4km)

s. I a.C., la tumba es el lugar de reposo de la noble que le da nombre, que tuvo especial relevancia al unir dos familias importantes por matrimonio.

El mausoleo en forma de barril encierra un nicho ahora sin techo y ha tenido varias funciones. En el s. XIV, la familia Caetani adquirió la tierra y usó la tumba como fuerte y puesto de peaje.

Matar por una villa

Villa dei Quintili, del s. II, es el mayor complejo residencial de los suburbios de Roma, también con una de las historias más fascinantes. Los hermanos Quintili procedían de una familia de senadores y ambos habían ascendido al rango de cónsules cuando decidieron construir la casa más lujosa de la ciudad en el año 151. Igualmente decidieron tramar una conspiración contra el emperador Cómodo, que acabó mal, con sus ejecuciones en el 183. El emperador también decidió confiscar la villa y realizar algunas mejoras: las coloridas decoraciones de mármol, el baño termal y el ninfeo son parte de su lujoso legado.

De calles a parques

El **Parco della Caffarella,** uno de los parques más hermosos de Roma, está junto a la antigua Via Appia. Si se busca un final de jornada bucólico, se puede dar un paseo por las 190 Ha de verdor intacto con mucho por descubrir.

Pasado el sagrado río Almone, que atraviesa el parque, hay que seguir los senderos bien señalizados hasta el **ninfeo de Egeria,** el **sepulcro de Annia Regilla** y la **Chiesa di Sant'Urbano.** Pero el parque es un monumento viviente de la Roma actual también: corredores u ovejas pastando. Así es la vida por Appia Antica.

DE PRIMERA MANO

Agnes Crawford es historiadora y guía (understandingrome.substack.com):

"La primera calzada pavimentada de Roma llegaba hasta Bríndisi y permitió la expansión de la ciudad. Los restos de las magníficas villas de Majencio y Quintili son divinas, y las evocadoras ruinas y los pinos brindan un agradable paseo lejos del mundanal ruido, empezando en el Appia Antica Caffè junto al fabuloso mausoleo de Cecilia Metella en dirección sur."

Sugerencias de lugares para comer, beber y comprar en **p. 163**

Explora
Trastévere y Janículo

Si fuera una persona, el Trastévere sería un estibador que escribe poemas en el vaho de una ventana empañada o el camarero que sirve cafés mientras espera que un viejo amor reaparezca por la puerta. Este es un barrio resiliente y quizá más encantador por eso: sus estrechas calles eran inhóspitas, un laberinto sin pavimentar solo apto para sus habitantes durante la mayor parte de la historia de la ciudad, extendiéndose a la sombra del imponente Janículo (Gianicolo).

Hoy en día la colina de Janículo. es más agradable y el Trastévere, el paraíso de la fiesta bohemia. Pero aún quedan muchas de esas callejas llenas de tendederos. El Trastévere es la prueba de que cuando se está enamorado, todo parece romántico.

Cómo desplazarse

Tranvía

El nº 3 (vía la Villa Borghese, San Giovanni y el Coliseo) y el nº 8 (desde Piazza Venezia).

Autobús

El H desde Termini; el nº 780 desde Piazza Venezia. Para ir al Janículo, el nº 870 desde Piazza della Rovere, el nº 115 desde Viale di Trastevere.

A pie

La mayor parte de las calles adoquinadas del Trastévere son demasiado estrechas para que pase un coche; lo mejor es ir bien calzado y pisar los *sampietrini*.

Via della Lungaretta (p. 155).

HACKENBERG-PHOTO-COLOGNE/ALAMY STOCK PHOTO ©

★

LO MEJOR

Un paseo matutino por **TRASTÉVERE** (P. 158) revela la belleza y la historia del barrio.

Disfrutar de una experiencia en la naturaleza explorando el **ORTO BOTANICO** (p. 162).

VILLA FARNESINA (p. 162) ofrece un viaje al Renacimiento italiano.

Admirar la **BASILICA DI SANTA MARIA IN TRASTEVERE** (p. 159).

Las vistas desde el mirador del **JANÍCULO** (p. 155).

CIRCUITO A PIE

Amanecer en el Trastévere

Las ciudades tienen otro aspecto a primera hora de la mañana, y las animadas calles del Trastévere no son una excepción. Son silenciosas durante unas pocas horas sagradas y hasta memorables si se madruga.

INICIO	FINAL	DURACIÓN
Ponte Sisto	Monumento a Garibaldi	3 km; 2 h

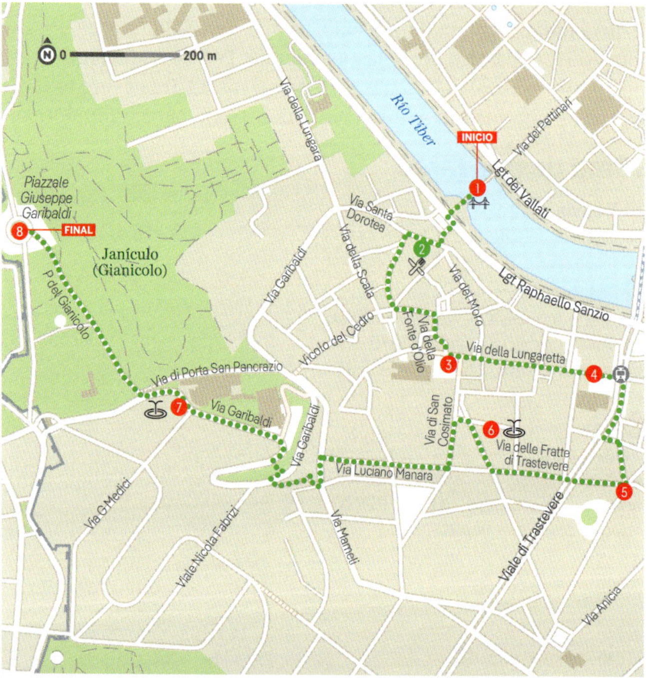

1 Amanecer en el Ponte Sisto

Construido para conectar Roma con la Ciudad del Vaticano en 1473, este puente peatonal ahora sirve de pintoresco punto de entrada al Trastévere. Por la mañana, empiezan a prepararse los músicos callejeros y los enamorados cierran sus candados en el puente antes de dar por terminada la noche.

2 Desayuno en Checco er Carettiere

Esta pastelería abre pronto y proporciona a los trabajadores del barrio cafeína para todo el día. Vale la pena pararse por aquí un momento y pensar en todas las almas que han cruzado sus puertas.

3 Piazza di Santa Maria in Trastevere

En la plaza más cautivadora de Roma, los mosaicos dorados de la fachada de la iglesia brillan a la tenue luz matutina y la fuente burbujea de felicidad.

4 Calles históricas

Via della Lungaretta sigue el trazado de una antigua calzada romana. Se recomienda echar un vistazo rápido a la iglesia de Sant'Agata, que conserva la talla carmelita de la Virgen que procesiona el día de la Festa de Noantri.

5 Como salida de un cuadro

Via della Luce es el tema de una acuarela del s. XIX de Ettore Roesler Franz. Solo hay que imaginar los olores, sonidos y estampas de la época en que los pintores plantaban aquí sus caballetes a primera hora de la mañana para atrapar la mejor luz.

6 Oda al vino

La **Fontana delle Botte** (fuente del barril) es una obra de 1927 del escultor y arquitecto Pietro Lombardi, quien recibió el encargo de construir fuentes públicas de agua potable. Esta, rinde homenaje a las tradiciones locales de la viticultura.

7 Mega fuente

La **Fontana dell'Acqua Paola** es conocida como el *fontanone* por su imponente tamaño, que su posición en la ladera de Janículo realza. Desde 1901 hasta la década de 1930 alimentaba la central hidroeléctrica de Roma.

8 Al lado de Garibaldi

Janículo ofrece una de las mejores vistas de la ciudad y la ocasión de saludar a Garibaldi montado a caballo.

CIRCUITO A PIE

Vida nocturna en el Trastévere

Por la noche, el Trastévere cobra nueva vida, con propuestas que van desde históricas a modernas, y opciones entre medio para todos. Hay que tomárselo con calma e ir descansado, porque en algunos de los locales más populares solo se puede estar de pie.

INICIO	FINAL	DURACIÓN
San Calisto	Ponte Sisto	1,75 km; 4 h

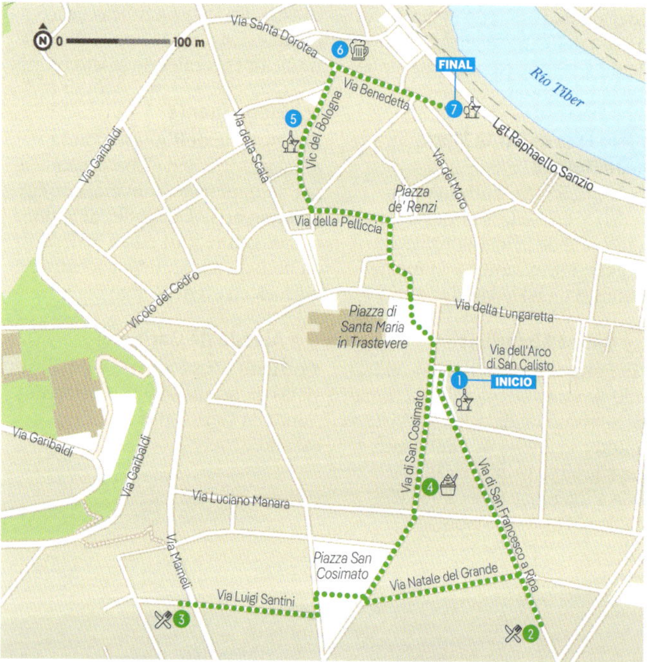

1 Bar San Calisto

Habrá que abrirse paso para tomar algo entre los basureros, poetas y profesores en este histórico del barrio (p. 164) con bebidas económicas y buena música. Roma tiene muchas iglesias, pero esto sí que es un verdadero templo.

2 Parada en el Supplì

No hay nada más saciante que un tentempié de albóndigas de arroz. En el Supplì (p. 163) elaboran este clásico *aperitivo* y muchos más. Y acompañadas de una Peroni del supermercado, ya se puede ir a Piazza San Cosimato donde hay cine al aire libre todo el verano.

3 Cena en el ProLoco

A veces los jóvenes chefs son los mejores para mantener viva la tradición, y buena prueba de esto son los platos clásicos del ProLoco, inspirados en el Lazio (p. 164). Hay *pizza*, pasta y estofados de carne difíciles de encontrar hoy en día.

4 Pausa en Otaleg

Puede que cueste un poco darse cuenta que *otaleg* (p. 164) es *gelato* al revés, pero la cola en la puerta nunca engaña. El de pistacho es de los más apreciados, con la mezcla siciliana, más suave.

5 Enoteca L'Antidoto

Un buen lugar (p. 164) para compartir una botella con amigos amantes del vino natural, con una extensa selección de caldos de todo el mundo. El personal conoce a la perfección cada ingrediente que entra por la puerta.

6 Ma Che Siete Venuti a Fà

La única manera de proseguir tras el vino natural es una cerveza artesana, para lo que este es el sitio ideal (p. 164). El nombre procede de un cantico de futbol y significa "¿qué has venido a hacer aquí?", pero con más de 20 cervezas internacionales donde elegir, la respuesta es muy fácil.

7 Freni e Frizioni

Para terminar la velada por todo lo alto, este es uno de los locales más sofisticados del Trastévere (p. 165), con buenos cócteles que llaman "combustible". Luego, si acaso, solo hay que seguir a las masas que cruzan el Ponte Sisto a por la penúltima de la noche.

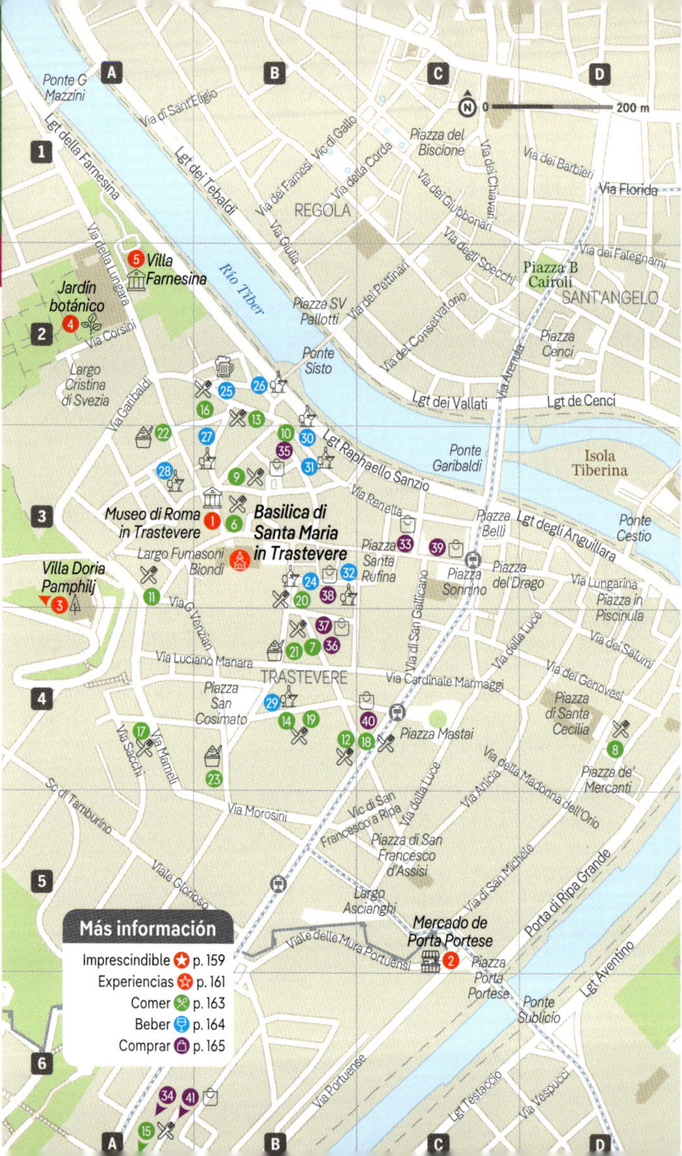
A
B
C
D
1
2
3
4
5
6
0
200 m
Ponte G Mazzini
Lgt della Farnesina
Via di Sant'Eligio
Lgt dei Tebaldi
Via dei Farnesi
Vic di Gallo
Via della Corda
Piazza del Biscione
Via dei Chiavari
Via dei Barbieri
Via Florida
REGOLA
Via Giulia
Via dei Giubbonari
Via degli Specchi
Via dei Falegnami
Piazza B Cairoli
SANT'ANGELO
Via della Lungara
Villa Farnesina
Jardín botánico
Río Tíber
Piazza SV Pallotti
Via dei Pettinari
Via del Conservatorio
Via Arenula
Piazza Cenci
Via Corsini
Largo Cristina di Svezia
Ponte Sisto
Lgt dei Vallati
Lgt de Cenci
Via Garibaldi
Lgt Raphaello Sanzio
Ponte Garibaldi
Isola Tiberina
Via Renella
Museo di Roma in Trastevere
Basilica di Santa Maria in Trastevere
Piazza Belli
Lgt degli Anguillara
Ponte Cestio
Largo Fumasoni Biondi
Piazza Santa Rufina
Piazza Sonnino
Piazza del'Drago
Via Lungarina
Piazza in Piscinula
Villa Doria Pamphilj
Via G Venzian
Via di San Gallicano
Via della Luce
Via dei Salumi
Via Luciano Manara
TRASTEVERE
Via Cardinale Marmaggi
Via dei Genovesi
Piazza San Cosimato
Piazza di Santa Cecilia
Piazza Mastai
Via Sacchi
Via Mameli
Via della Madonna dell'Orto
Piazza de' Mercanti
Via Anicia
Sc di Tamburino
Via Morosini
Vic di San Francesco a Ripa
Piazza di San Francesco d'Assisi
Viale Glorioso
Via di San Michele
Porta di Ripa Grande
Largo Ascianghi
Mercado de Porta Portese
Viale delle Mura Portuensi
Piazza Porta Portese
Ponte Sublicio
Lgt Aventino
Via Portuense
Lgt Testaccio
Via Vespucci
Más información
Imprescindible p. 159
Experiencias p. 161
Comer p. 163
Beber p. 164
Comprar p. 165

★ IMPRESCINDIBLE

Santa Maria in Trastevere

Ser el primero está bien, pero ser "probablemente el primero" es más memorable. La Basilica di Santa Maria in Trastevere existe desde el año 340 y es famosa por ser el primer templo católico de Roma, además del primero dedicado a la Virgen María. Probablemente.

PLANO: P. 158 **B3**

Fachada

Presenta un mosaico de la Virgen amamantando a Jesús, rodeada por 10 mujeres que llevan unos farolillos. Dos de los farolillos están misteriosamente apagados. Debajo de esta escena, un sorprendente mosaico de palmeras enmarca las tallas de cuatro santos, confirmando que el período de vacaciones siempre es más largo que la baja por maternidad.

Mosaicos

El interior es una deslumbrante variedad de mosaicos medievales que hay que ver en persona. Conviene poner el foco especialmente en el ábside (foto p. 160): en el centro, Cristo y la Virgen en el trono, con el papa Inocencio II y santos a la izquierda y san Pedro a la derecha. Debajo, otros mosaicos ilustran la vida de María, y entre ambas escenas, una serie de ovejas que representan a los apóstoles. Dicho de otro modo, se ganó el pan con sudor y fatiga.

Diseño interior

El espectacular interior se debe en gran parte a las 24 columnas de granito rescatadas de las Termas de Caracalla. El techo de madera del s. XV contrasta con el intricado suelo cosmatesco, una recreación del original del s. XIII. La delicada curvatura de

CONSEJO

Se recomienda escuchar las estimulantes misas vespertinas a cargo de la comunidad de Sant'Egidio, una asociación dedicada al servicio social y la erradicación de la pobreza.

Escanea este código QR para información sobre la historia de Santa Maria in Trastevere.

FORTGENS PHOTOGRAPHY/SHUTTERSTOCK ©

UNA PAUSA
Tomarse una *granita* de café en el icónico **Bar San Calisto** (p. 164), a un minuto escaso de la *piazza*.

las losas atrae la vista casi naturalmente hacia la *transenna* (verja o celosía), al pie del altar, donde está tallada la Fons Olei, que señala el manantial de aceite que supuestamente se encontró aquí en torno a la época en que nació Jesucristo.

Música de Santa Cecilia

No hay que dejar de entrar en la cercana **Basilica di Santa Cecilia in Trastevere,** construida para honrar a la santa patrona de los músicos. Confiada a las monjas benedictinas desde el s. XIV, el edificio se asienta en la casa de una mujer noble martirizada en el año 230 por intentar convertir a su marido y hermano.

Visitar el Museo di Roma in Trastevere MUSEO

PLANO: 1 P. 158 B3

Roma podría tener un millón de museos y aun así no bastaría para albergar todos sus tesoros. Este es un poco diferente pero no por ello menos especial. Originalmente llamado "Museo del Folclore y los Poetas Romanescos", su misión es contar la historia de la ciudad a través de sus artistas, desde el s. XVIII hasta la actualidad.

Se exhiben fotografías de la vida romana del famoso fotógrafo Mario Giacomelli, acuarelas de la ciudad de Ettore Roesler Franz, y hay una sala dedicada al laureado poeta del Trastévere, Trilussa. Es un viaje al pasado reciente, que puede parecer más familiar de lo imaginado, y bien merece el desvío.

Pasear por Porta Portese MERCADILLO

PLANO: 2 P. 158 C5

Decir que el Mercato di Porta Portese es simplemente un "mercado" es como asegurar que el Everest es solo una "montaña". Ninguno de los dos es para cobardes, pero ambos saben recompensar a los valientes. Cada domingo de 7.00 a 14.00, empezando en la antigua Porta Portese en el Trastévere y por Clivo Portuense y Via Portuense hasta Via Ippolito Nievo, se instalan cientos de puestos de ropa, calzado, bolsas, tejidos, joyas, discos, libros, plantas y flores, antigüedades, coleccionables, bicicletas, piezas de repuesto de automóvil y cascos de moto (nuevos y usados).

Hay literalmente de todo, y si no se tiene un plan, pronto se necesitará un respiro. Por suerte, muchos ya han estado aquí antes y ahora ejercen de *sherpas* de las compras: una de las mejores es Desirée Marie Townley de **Pewter Thimble,** que ofrece un análisis brillante del mercado junto con un mapa que se puede comprar en su sitio web. Puede considerarse como la bombona de oxígeno que permite avanzar con firmeza hasta la cima del monte Segunda Mano.

Explorar la Villa Pamphili PARQUE

PLANO: 3 P. 158 A3

Construida por la noble familia Pamphilj en 1630, Villa Doria Pamphili es el segundo parque público más grande de Roma después del de Appia Antica, y el mayor parque paisajístico. Situado en la cima del Janículo, es también el punto de partida de la Via Aurelia, una antigua calzada romana que iba hasta la moderna Pisa, y un lugar ideal para pasar medio día.

Si las escaleras que suben a **Via di Porta San Pancrazio** hacen resoplar, no hay que preocuparse, Villa Pamphili alberga el **Casino del Bel Respiro.** Esta villa de estilo barroco, llena de estatuas y demás ornamentos, da a un geométrico jardín secreto encaramado en un saliente sobre la

CONCIERTOS EN EL PARQUE

Durante todo el año, la Villa Pamphili tiene un programa de conciertos al aire libre, muchos de ellos gratis. En el sitio web figuran los horarios y no hay que olvidar llevarse una manta para echarse en la hierba.

ciudad. Hay unas **ruinas romanas** y un **riachuelo** que fluye hasta un bucólico estanque a través de varias cascadas. Aquí es fácil olvidar el zumbido de las vespas de la ciudad a lo lejos, mientras se pasan las horas haciendo ejercicio, de pícnic u observando los perros que retozan en la hierba.

Perderse en el Orto Botanico

JARDINES

PLANO: 4 P. 158 A2

Con más de 7000 especies de plantas, un **jardín de té japonés** y un **bosquecillo de bambú,** no es de extrañar que el visitante piense que se ha equivocado en Via della Lungara y ha aparecido en otro planeta. Pero este Orto Botanico no puede ser más romano: sus 12 Ha están meticulosamente cuidadas por el Departamento de Botánica de la Universidad La Sapienza, que continúa la tradición iniciada por el papa León X en 1514 de estudiar el valor medicinal de las plantas. Aunque no fue hasta finales del s. XIX cuando el proyecto se trasladó a Villa Corsini, en Janículo, se ha convertido en uno de los jardines botánicos más importantes (y hermosos) del mundo. Aquí el visitante se pierde entre alcornoques y cedros himalayos y se reencuentra en las camelias, disfrutando del sosiego de este hermoso y curioso rincón. Advertencia: no se admiten perros.

Maravillarse en Villa Farnesina

EDIFICIO HISTÓRICO

PLANO: 5 P. 158 A2

En Roma, los inmuebles son un bien preciado que siempre cuentan una historia. Villa Farnesina fue encargada originalmente por el banquero de Siena Agostino Chigi, un auténtico *bon vivant* y amante del arte que sabía cómo gastarse el dinero que había ganado, especialmente como banquero del Vaticano. Vivió en arrogante opulencia hasta su muerte en 1520, cuando las cosas se torcieron. Tras años de abandono, la villa fue adquirida por la poderosa familia Farnese en 1579, infringiendo las condiciones legales vinculantes impuestas por su propietario original.

Pero que esto no impida la visita. Villa Farnesina es una obra maestra de la arquitectura renacentista desde la **Loggia de Cupido y Psique** de la planta baja y la **Loggia de Galatea** (atribuida a Rafael) hasta los asombrosos frescos de Peruzzi en el **Salone delle Prospettive** de la 1ª planta. Si se escucha atentamente, todavía se puede oír a Agostino cantar.

Lo mejor para...

€ Económico €€ Medio €€€ Alto

Localizaciones en el plano de la **p. 158**

Comer

Clásicos

Tonnarello €€
6 B3
Toda una institución del Trastévere, por lo que se impone reservar mesa con antelación. Obviamente, ¡hay que probar el *cacio e pepe*! *11.30-23.00*

Ivo a Trastevere €€
7 B4
Todo un legado de 60 años en forma de la mejor *pizza* de la ciudad, ampliado con una carta más que digna. *Horario variable*

Fieramosca €€
8 D4
Recién abierto en un sitio histórico, es el restaurante que se mencionará de regreso a casa. *19.00-24.00 ma-do, 12.00-16.00 sa do*

Nueva escuela

Glass Hostaria €€€
9 B3
Christina Bowerman tiene un pie en la tradición y otro en las estrellas... de Michelin. Imprescindible reservar. *19.30-22.30 mi-do, 12.00-15.00 sa-do*

Mescita Ferrara €€€
10 B3
En lo alto de la colina, en Monteverde, con un menú joven y fresco a base de ingredientes locales y toneladas de cervezas y vinos locales. *18.00-1.00 lu-ju, hasta 2.00 vi-sa*

Santo Trastevere €€
11 A3
Reciente incorporación, este jardín frondoso ofrece un marco ideal para degustar platos modernos y una larga lista de cócteles. *18.00-24.00 ma-do*

Comida callejera

Supplì €
12 B4
Pizza en porciones y una amplia variedad de albóndigas de arroz fritas para llevar de noche por la ciudad. *10.00-21.00 lu-sa*

Trapizzino Trilussa €
13 B2
Stefano Callegari eligió sabiamente abrir su local en Piazza Trilussa porque sus bocadillos son pura poesía. *12.00-1.00, hasta 2.00 vi-sa*

Antica Norcineria Iacozzilli €
14 B4
De todas las colas que merecen hacerse en Roma, esta podría ocupar el primer lugar por sus bocadillos de *porchetta*. *9.00-13.00 y 16.30-20.30*

'Pizza'

Seu Pizza Illuminati €€
15 A6
Ser elegida una de las mejores *pizzas* del mundo, significa tener que esperar (o reservar) para conseguir mesa, pero esa perfecta corteza moteada bien lo merece. *19.00-24.00 mi-lu, 12.30-15.00 sa*

Dar Poeta €

16 B2

Quien adore la *pizza* de masa fina al estilo romano, puede unirse a la multitud en este referente del Trastévere que nunca defrauda. *12.00-24.00*

ProLoco €€

17 A4

Este animado local ofrece toda una carta de especialidades del Lazio, además de uno de los mejores listados de *pizza* del barrio. *18.00-23.00 ma-vi, 12.30-23.00 sa-do*

Vegetariano y vegano

Caffè Trastevere €

18 C4

Bullicioso bar con una impresionante selección de pastas veganas y un personal bien agradable que ayuda a elegir. *5.30-20.00*

Aromaticus €€

19 B4

Uno de los restaurantes vegetarianos originales del Trastévere, con una clientela reincidente de residentes, estudiantes y viajeros que buscan comida fresca y saludable. *12.00-23.00 ma-do*

Osteria Nannarella €€

20 B3

Aunque no es estrictamente vegetariano, este estandarte del barrio posee una impresionante lista de opciones verdes y personal muy atento. *11.00-23.30*

'Gelato'

Otaleg €

21 B4

Siempre hay cola, y es que tras probar su helado de menta a la albahaca, se hace difícil no repetir. *12.00-24.00*

Gelateria alla Scala €

22 A3

Visible gracias a sus flores, en este minúsculo establecimiento elaboran helados caseros desde hace más de 60 años, y sin indicios de desfallecer. *11.00-23.00*

Fatamorgana Trastevere €

23 B4

El fenómeno internacional empezó aquí, y sigue siendo uno de los mejores helados en copa o cucurucho que se hayan probado (especialmente sin gluten). *12.30-22.30*

Beber

'Aperitivo' de barrio

Bar San Calisto

24 B3

En este local se congrega todo el barrio, y las bebidas fluyen tan fácilmente como la conversación. *6.00-14.00*

Ma Che Siete Venuti a Fà

25 B2

Paraíso para los amantes de la cerveza y refugio de los del fútbol, con mucho ambiente y sabor local. *11.00-2.00*

Culto

26 B2

Una nueva incorporación en el barrio con una copiosa y recomendable oferta de *aperitivo*. *18.00-2.00 lu-sa, 11.00-2.00 do*

Bares de vinos naturales

Enoteca l'Antidoto

27 B3

Hay que reservar mesa y beber una botella en este renombrado bar de vinos con una buena selección internacional. *18.00-24.00 mi-lu*

Latteria

28 A3

Grandes vinos y una buena carta de maridajes perfectos. El personal políglota hace sentirse al visitante como en casa. *17.30-1.30 lu-sa, 12.30-24.30 do*

Enoteca La vite Roma Trastevere

29 B4

En una de las mejores plazas del barrio, con una fantástica selección de vinos naturales. *17.00-1.00 lu-sa*

Cócteles

Freni e Frizioni

30 B3

Bebidas (cócteles incl.) y diversión coinciden en este local inmensamente popular con buena reputación bohemia. *18.30-2.00*

Jerry Thomas Bar Room

31 B3

Coctelería y champañería de temática *Orient Express* de los creadores del primer bar clandestino de Roma. *18.00-2.00 lu-sa*

Keyhole

32 B3

Fiel al ambiente de bar clandestino, este lugar acierta en todo (hasta en la soberbia carta de cócteles). *24.00-4.30*

Comprar

Bolsos, zapatos y joyas

Carlo Cecchini

33 C3

Tiene esas piezas que se compran una vez y reciben elogios toda la vida. *10.00-20.00 lu-sa, 11.00-20.00 do*

Lumina Gioielli

34 A6

Piezas originales de las joyeras Sara y Caterina, que mantienen vivas las tradiciones con un toque totalmente nuevo. *10.00-18.00 lu-vi, 10.00-13.00*

Marta Ray

35 B3

Tiene tres tiendas en la ciudad, pero en la del Trastévere entran ganas de pasarse toda la tarde. *11.00-19.00*

Ropa

The Butcher

36 B4

Ropa para hombre y mujer muy bien seleccionada, y el sueño de los coleccionistas de zapatillas y zapatos. *10.00-20.00*

Twice Vintage

37 B4

Es el tipo de tienda de segunda mano en la que hay que rebuscar para, quizá, encontrar tesoros. *11.00-13.30, 14.00-20.00*

Bilulu

38 B3

Taller independiente dedicado a tejidos y técnicas sostenibles de alta calidad. *Horario variable*

Música, libros y arte

Almost Corner Books

39 C3

Pequeña gran librería con narrativa italiana e internacional, y una buena selección dedicada al mundo del espectáculo. *10.00-24.00 (1.00 vi y sa)*

Elvis Lives

40 C4

Quien busque un tocadiscos, unas gafas de sol de los años ochenta o una fiambrera, está de suerte. *11.00-14.00, 16.00-19.00 lu-sa*

Maccaroni's Retro Chic Gallery

41 A6

No hay lugar como este escaparate de una antigua frutería. Nunca se sabe lo que se va a encontrar dentro, pero seguro que es algo especial. *10.00-13.00 y 16.00-19.30 lu-vi, 10.00-13.00 sa*

Guía práctica

Basílica de San Pedro (p. 81).
PYTY/SHUTTERSTOCK ©

Viajar en familia

Roma es un destino fantástico para viajeros de todas las edades. Ya sea en un museo o al aire libre en sus grandes parques, siempre hay algo que hacer para todo el mundo (y toneladas de *gelato*).

Espacios verdes para niños

Los parques abundan por toda la ciudad, muchos de ellos situados cerca de los principales puntos de interés. Si se necesita un paréntesis en el centro, se puede ir a la rampa de patinaje en Colle Oppio, la zona de juegos de Villa Celimontana (p. 131) o al icónico Giardino degli Aranci (p. 142).

MUSEOS

Hay varios parques dedicados a los niños, especialmente **Explora-Museo dei Bambini,** cerca de Piazza del Popolo. Si llueve, esta zona de juegos interactivos entretendrá a toda la familia. Escanea este código QR para más detalles.

Viajeros multigeneracionales

Roma es un gran destino familiar, siempre que se programe todo bien. Los hoteles más nuevos ofrecen habitaciones familiares y ascensores más grandes, frente a los espacios y ascensores más exiguos de los más antiguos. Los circuitos para grupos de diferentes edades están proliferando en la ciudad, con opciones tanto para jóvenes tediosos como para mayores con movilidad reducida.

Entradas

Muchos museos son gratis para menores de 18 años; confírmese a través de los sitios web.

Transporte público

Los menores de 10 años viajan gratis en Roma Capitale si van acompañados de un adulto con billete.

Comer fuera

Muchos restaurantes están acostumbrados a las grandes familias italianas, aunque siempre es aconsejable haber reservado, especialmente si se son más de seis personas.

ALESSIO ORRU/SHUTTERSTOCK ©

Alojamiento

A pesar de reciente *boom* de alojamientos de lujo, sigue habiendo buenas ofertas en cualquier zona de la ciudad.

Si te gusta...

Tiendas de moda y vida nocturna

Trastévere (p. 153) Lleno de calles empedradas, bares animados y *piazze* pintorescas. Desde sencillos B&B a lujosos *lofts*.

Dormir en medio de la historia

Roma antigua (p. 37) Si se está dispuesto a tirar la casa por la ventana, hay nuevos hoteles construidos en medio de las ruinas o en palacios históricos.

Vida glamurosa

Escalinata de Piazza di Spagna (p. 94) Todavía el lugar ideal donde alojarse para acceder fácilmente a las compras de lujo, con precios a la par.

'Boutiques' con encanto

'Centro storico' (p. 53) y **gueto** (p. 65) Aquí se encuentran algunos de los hoteles-*boutique* más interesantes y lujosos de la ciudad, a menudo difíciles de avistar.

Estancias familiares panorámicas

Prati (p. 71) Ideal para familias que quieren asegurarse la visita al Vaticano, pero con fácil acceso en metro al resto de la ciudad.

IMPRESCINDIBLE

Nos encanta...

Monti (p. 109) Enclavado entre ruinas antiguas y el centro moderno, Monti exuda energía. Tiendas animadas e independientes comparten calle con bares y restaurantes locales, que combinados dan la sensación de auténtico barrio. No es una zona ajena al turismo, pero hay sitio para todos.

CUÁNTO CUESTA

Albergue
60 €

Hotel-*boutique* de precio medio
180 €

Hotel céntrico
240 €

Comida, bebida y fiesta

Pagar la cuenta

Al reservar mesa para cenar en un restaurante, el personal asume que se pasará allí la velada. Para pagar, hay que pedir la cuenta, y según lo antiguo que sea el local, quizá haya que hacerlo en la barra donde está la cajera (a menudo la madre, la abuela o incluso la tía del propietario). Que cada cual pague lo suyo es algo común.

CÓMO SE DICE...

La cuenta, por favor. *Il conto, per favore.*
Pague en caja. *Paga alla cassa.*
¿Puedo pagar con tarjeta?
Posso pagare con carta?
¿Podemos pagar por separado?
Possiamo dividere il conto?

RESERVAS

Lo habitual es reservar mesa, no aparecer sin haberlo hecho, pues lo más probable es que el restaurante esté lleno. Por suerte, muchos sitios ofrecen servicio de reserva en línea, lo que evita tener que luchar con el italiano para hacerse entender.

EN EL CAFÉ

Cuando se toma un café en la barra, lo usual es pagar al terminar, no antes. También es común que apliquen un recargo por ocupar una mesa, aunque esto suele estar indicado.

Alergias, intolerancias y otros requisitos dietéticos

Por ley, los establecimientos deben disponer de una lista de ingredientes para los clientes. Conviene informar de las intolerancias al camarero (o aún mejor, al reservar).

Cómo se dice...

Soy alérgico...
Sono allergico/a... (m/f)

a los frutos secos (todo tipo).
alla frutta secca.

al marisco.
ai crostacei.

Soy intolerante al gluten.
Sono intollerante al glutine.

Cómo preguntar...

¿Contiene frutos secos/marisco?
È fatto con la frutta secca/con crostacei?

¿Hay alguna opción vegana/ vegetariana?
C'è una scelta vegana/vegetariana?

¿Puede cocinarlo sin cebolla o ajo?
Se può fare senza cipolla o aglio?

PRECIOS

Los siguientes baremos son para un plato principal.

€ hasta 14 €
€€ 14-25 €
€€€ desde 25 €

HORARIOS

Café 7.00-20.00

Restaurante 12.00-15.00 almuerzo; 19.30-22.00 cena

Bar 18.00-2.00

Salir

Escenario Salir por Roma es un maratón que empieza con el *aperitivo* vespertino y que puede alargarse hasta la madrugada. Hay clubes por toda la ciudad, pero las mejores zonas son Ostiense (p. 146) y el Trastévere (p. 156).

Horario Los italianos no suelen desperezarse antes de medianoche; hasta entonces quizá estén cargando pilas en su restaurante favorito.

Acceso Como en cualquier gran ciudad, la puerta puede ser discriminadora, pero no hay que amilanarse. Hay que dar lo mejor de sí, aunque sin pasarse: mostrar confianza y llevar una prenda de postín.

Ambiente Roma es una fiesta por la noche y puede haber aglomeraciones en algunas zonas. Quizá resulte divertido, pero los residentes suelen quejarse de la movida y llamar a la policía para que dispersen a los juerguistas.

OKO LAA/SHUTTERSTOCK ©

CUÁNTO CUESTA

Café
1 €

Cerveza
4 €

Copa de vino
4 €

Cóctel
6 €

'Supplì' (albóndiga de arroz frita)
3 €

'Pizza'
8 €

Porción de 'pizza'
2 €

'Panino' (bocadillo)
5 €

Comunidad LGTBIQ+

Aunque no tan intenso como en otras capitales europeas, Roma disfruta de un verdadero ambiente LGTBIQ+.

El ambiente

La ciudad es segura para viajeros gais, pero Italia es un país conservador, lo que significa que a veces las muestras públicas de afecto homosexuales no son bien recibidas. Hay que ser discreto y atender al sentido común, como siempre.

El lugar más seguro para los gais es una pequeña y animada zona junto al Coliseo. En Via di San Giovanni in Laterano están los dos principales bares gais de la ciudad: el **Coming Out** (p. 133) y el **My Bar.** La gente ocupa la *piazza*, trasladando la fiesta a la calle, todo el año.

Hay otros bares, saunas y clubes como el **Frutta e Verdura, el Company ROMA** y, fuera del centro, el **K Club.** El blog Nomadic Boys (nomadicboys.com) es un excelente recurso con una buena lista LGTBIQ+ de Roma.

IMPRESCINDIBLE

Celebraciones

Orgullo Se celebra en junio, cada vez con mayor énfasis.

Festival de Cine Queer También en junio, al aire libre e imprescindible.

Fetish Pride Italy Diciembre se anima con esta fiesta que atrae a miles de personas con gustos particulares.

TODO AMARILLO

El **YellowSquare Hostel** es un agradable, divertido y céntrico albergue con espacios seguros para todos, incluido el Yellow Bar.

CIRCUITOS A MEDIDA

The Roman Gay diseña circuitos LGTBIQ+ por la ciudad mejores que la media. Merecen la pena los paseos de arte callejero y moda. O se puede hacer uno privado que lo incluya todo.

Recursos

- **arcigay.it** Organización no lucrativa italiana que puede responder miles de preguntas (¡aunque haya que usar Google Translate!).

Salud y seguridad

Además de ser una ciudad muy segura, Roma está llena de recursos para mantenerse sano durante todo el viaje.

'I NASONI'

Hay más de 2500 fuentes de agua potable repartidas por toda la ciudad, reconocibles por su característica boca en forma de nariz curvada. En ellas se puede rellenar la botella o beber del orificio superior más pequeño bloqueando el inferior.

Farmacias y parafarmacias

Como en España, en Italia se va a la farmacia a buscar medicamentos con receta, y el personal suele ofrecer consejo sobre dolencias menores. Las farmacias están bien surtidas y venden también medicamentos estándar sin receta. En cambio, en la parafarmacia no venden medicamentos con receta (aunque algunas tienen ibuprofeno y similares), sino remedios homeopáticos o naturales.

Seguridad en patinete

¡Hay muchos eléctricos, pero lo mejor es pasar de ellos si no se está acostumbrado!

Evitar a los carteristas

Como en tantas grandes ciudades, los carteristas frecuentan las zonas más transitadas como estaciones de trenes y lugares turísticos. Es recomendable llevar los objetos de valor en bolsillos interiores de la ropa o bolsa y evitar los posteriores. En caso de robo, siempre habrá un policía cerca por el centro.

GOLPE DE CALOR

Roma puede ser un horno, incluso fuera de verano. Conviene llevar sombrero o gorra y crema solar, y ¡beber mucha agua!

A TENER EN CUENTA

Policía

Hay agentes por toda la ciudad; si no, llámese al 112.

Hospitales

En caso de lesión o de requerir un médico, en cualquier hospital atienden gratis.

Drogas

Las recreativas son ilegales.

Turismo responsable

Si se la trata bien, es fácil enamorarse de Roma y que esta corresponda.

Comer bien

Hay miles de restaurantes entre los que elegir y es sencillo encontrar buena comida. Dicho esto, con un poco de investigación se puede dar con sitios que apoyan a los productores locales, tienen cartas de temporada y llevan en el negocio generaciones. Algunos ofrecen experiencias memorables, por lo que merece investigar para dar con ellos.

Nada de grafitis

Roma es un museo al aire libre, así que hay que ser consecuente y dejar el arte callejero y los garabatos a los expertos, sea o no importante la declaración.

DESDE LA IZDA.: BLUEBEAT76/GETTY IMAGES ©, PAOLOGAETANO/GETTY IMAGES ©, IMORARASH/SHUTTERSTOCK ©

IMPRESCINDIBLE

Para llevar

Muchos restaurantes intentan limitar los desperdicios de comida, así que no hay que dudar en pedir llevarse las sobras.

Patinetes y bicicletas

En Roma, los patinetes y bicicletas eléctricas suponen una gran opción para explorar la ciudad de forma sostenible. Alquilarlos es tan fácil como descargarse una aplicación y tomar uno de la acera. Pero debido al tráfico, conviene recurrir a ellos solo si se saben conducir bien. Al aparcar, hay que tener en cuenta a los peatones.

Recursos

• **pewterthimble.com** Consejos sobre tiendas de segunda mano • **moovit.com** Información en tiempo real sobre el transporte público.

AGUA GRATIS

Es fácil encontrar agua potable con la *app* **I Nasoni,** que informa de la ubicación de las famosas fuentes romanas por toda la ciudad.

Comercio sostenible

Todo el mundo sabe que Roma está llena de joyas por descubrir, pero quizá no se sepa que también es una ciudad fantástica para ropa *vintage*, accesorios y arte. En los numerosos mercados al aire libre que hay por toda la ciudad (especialmente los fines de semana) o tiendas de Monti y Ostiense se pueden hallar tesoros únicos.

Las compras sostenibles durante las vacaciones o viajes significan apoyar a los comercios locales y reducir los efectos nocivos de la "moda rápida" sobre el medio ambiente y el mercado laboral global. Además, pueden convertirse en recuerdos especiales de la visita.

El cambio climático y los viajes

Es imposible ignorar el impacto de nuestros viajes y la importancia de hacer cambios. Lonely Planet anima a todos los viajeros a involucrarse en su huella de carbono. Muchas webs de líneas aéreas y sitios de reservas ofrecen la opción de compensar el impacto de los gases de efecto invernadero realizando donaciones para iniciativas respetuosas con el clima en todo el mundo.

Hay muchas calculadoras de carbono en línea que permiten estimar las emisiones de carbono generadas por el viaje; escanea el código QR para probar **resurgence.org.**

RECICLAR

Hay contenedores por toda la ciudad, fácilmente identificables por los distintos colores de la tapa.

Gris Residuos mixtos

Amarillo Plástico y metal

Marrón Orgánico

Verde Cristal

Blanco Papel y cartón

Accesibilidad

Roma accesible

La ciudad ha hecho un esfuerzo conjunto para apoyar a las personas con movilidad reducida. En la web de la oficina de turismo de Roma (turismoroma.it/en/roma-accessibile), hay una guía completa de los servicios disponibles en los sitios más populares, y la web de ATAC (atac.roma.it/en/home) informa sobre estaciones de metro y líneas de autobús/tranvía accesibles, también en inglés.

Mujeres viajeras

Roma es segura para mujeres que viajan tanto en solitario como en grupo, aunque conviene aplicar las precauciones habituales. Para viajeras en solitario que quieran contactar con otras mujeres, la *app* NomadHer es fantástica (y segura).

AUTOBÚS Y METRO

Todos los autobuses están adaptados para personas con problemas de movilidad y las estaciones de metro con ascensor figuran en la web de ATAC, que también informa en tiempo real sobre la capacidad en cada estación.

Adoquines

Los icónicos *sampietrini* son muy evocadores, pero pueden resultar un engorro para las personas con problemas de movilidad. Se están restaurando las calles más populares para el jubileo, pero conviene tomárselo con calma.

IMPRESCINDIBLE

El **Vaticano** (p. 76) ofrece muchos recursos para los visitantes con movilidad limitada, y en algunos casos, hasta entrada gratis con un acompañante. En la web hay una lista completa de las instalaciones junto con un mapa detallado de las salas que forman el "Itinerario de visita sin barreras". Hay que registrarse en el mostrador de Permisos Especiales o en la recepción en el vestíbulo del museo, y asegurarse de tener la documentación sobre cualquier restricción.

CIRCUITOS POR LA CIUDAD

Roman Roads Tours ofrece circuitos en carros de golf, geniales para visitar la ciudad sin estresarse demasiado.

Recursos

- **Flush Toilet Finder** Esta *app* ayuda a localizar aseos por la toda la ciudad. Es gratis, sin compras en la *app*, y tiene miles de baños en la base de datos.

Lo esencial

Horario comercial

Bancos 8.30-13.30 y 14.45-16.30 lu-vi

Cafés y bares 7.00-20.00, según ubicación

Clubes 22.00-4.00

Coctelerías y bares de vinos 18.00-1.00

Correos 8.00-13.30 lu-sa

Restaurantes 12.00-15.00 y 19.30-23.00

Tiendas 9.00-20.00 lu-sa (muchas tiendas pequeñas cierran al mediodía de 13.00 a 15.00)

Supermercados 8.00-21.00

Abierto
Aperto
Cerrado
Chiuso

A TENER EN CUENTA

Hora local (GMT/UTC +1), como en España

Código de la ciudad +39 (06)

Emergencias 112

Población 4,32 millones

ELECTRICIDAD
230V/50Hz

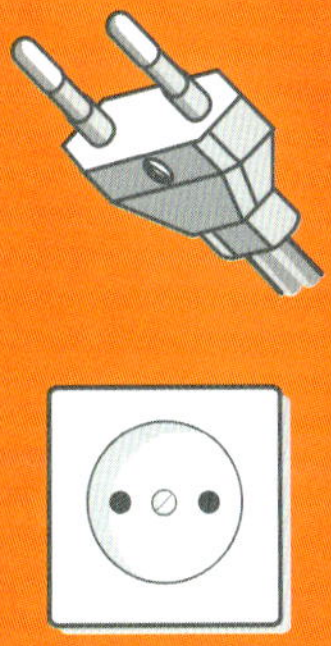

Fiestas oficiales

Año Nuevo 1 enero

Epifanía 6 de enero

'Pasquetta' (Lunes de Pascua) marzo/abril

Giorno della Liberazione 25 de abril

Festa del Lavoro 1 de mayo

Festa della Repubblica 2 de junio

Festa dei Santi Pietro e Paolo 29 junio

Ferragosto (Día de la Asunción) 15 agosto

Festa di Ognisanti (Día de Todos los Santos) 1 noviembre

Festa dell'Immacolata Concezione 8 diciembre

Natale 25 de diciembre

Festa di Santo Stefano 26 de diciembre

Fumar

Italia sigue echando humo, y el aumento del vapeo no hace más que añadir nubarrones. En las terrazas de los cafés, es habitual que la gente fume. No está permitido hacerlo en los interiores, lo que está penalizado con elevadas multas.

Idioma

Lo básico

Hola.
Buongiorno.
buon·*jor*·no

Adiós.
Arrivederci.
a·rri·ve·*der*·chi

Hola/Adiós.
Ciao. (inf) chao

Sí/No.
Sì./No. si/no

Por favor.
Per favore.
per fa·*vo*·re

Gracias.
Grazie. *gra*·dsie

De nada.
Prego. *pre*·go

Disculpe.
Mi scusi.
mi *sku*·zi

Lo siento.
Mi dispiace.
mi dis·*pia*·che

Frases útiles

¿Habla español?
Parla/Parli spagnolo?
(for/inf) *par*·la/*par*·li spa·ño·lo

No le entiendo.
Non capisco. non ka·*pis*·ko

Me gustaría...	**Vorrei...**	vo·*rrei*...
un café	**un caffè**	un ka·*fe*
la carta	**il menù**	il me·*nu*
dos cervezas	**due birre**	*du*·e *bi*·rre
una mesa (para tres personas)	**un tavolo (per tre persone)**	un *ta*·vo·lo per tre per·*so*·ne

¿Puede hablar más despacio?
Vorrei il conto, per favore.
vo·*rrei* il *kon*·to per fa·*vo*·re

¿Cuánto cuesta?
Quanto costa? *kuan*·to *kos*·ta

¿Puede hablar más despacio?
Può/Puoi parlare più lentamente, per favore?
(for/inf) puo/puoi par·*la*·re piu len·ta·*men*·te per fa·*vo*·re

¿Dónde está...	**Dov'è...**	do·*ve*...
la estación?	**la stazione?**	la sta·*dsio*·ne
el baño?	**il bagno?**	eel *ba*·ño
el cajero más cercano?	**il Bancomat più vicino?**	il *ban*·ko·mat piu vi·*chee*·no

¿Puede darme un recibo, por favor?
Può darmi una ricevuta, per favore?
puo *dar*·mi *u*·na ri·che·*vu*·ta per fa·*vo*·re

Números

1	2	3	4	5
uno	**due**	**tre**	**quattro**	**cinque**
u·no	*du*·e	*tre*	*kua*·tro	*chin*·kue

Información útil

Muchos sonidos en italiano también existen en español. Conviene recordar que la **z** suena como *ts*, la **r** se pronuncia fuerte y la **c** suena como la *ch* cuando precede la "i" o la "e".

El italiano tiene tres palabras para la segunda persona. Se usa la forma educada **'Lei'** si se habla con un extraño, un agente o alguien mayor. Con personas conocidas o más jóvenes, se puede usar la forma informal **'tu'**. Para un grupo de personas, se recurre a **'voi'**. Los verbos tienen un final distinto para cada persona, como en español.

La útil palabra **'prego'** tiene varios significados, como "de nada", "adelante" o "siguiente, por favor".

FALSOS AMIGOS

Aviso: muchas palabras italianas se parecen a palabras españolas pero pueden tener significados distintos; p. ej., **'camera'** es habitación, no cámara (usan **'macchina fotografica'**) y **'stampa'** es la prensa o los medios, no una estampa (**'vignetta'**).

Avisos

Il Suo passaporto. il *su*·o pa·sa·*por*·to
Su pasaporte.

Il treno è in ritardo/cancellato.
il *tre*·no e ri·*tar*·do/kan·che·*la*·to
El tren se ha retrasado/cancelado.

Señalización

Entrata/ingresso Entrada
Uscita Salida
Aperto Abierto
Chiuso Cerrado
Informazioni Información
Proibito/vietato Prohibido
Gabinetti/servizi Aseos
Uomini Hombres
Donne Mujeres

ARGOT ROMANO

Daje! Pronunciado "daye", es similar al "vamos" en español. Lo gritan los fans de los dos equipos de fútbol de la capital, el Roma y el Lazio, para animar.

Aò! Aunque *ciao* es totalmente correcto, es la forma realmente romana de decir "hola". Puede expresar una gama de sentimientos distintos, desde la protesta a la aceptación, dependiendo del contexto.

Annamo a magnà. En italiano estándar se dice *Andiamo a mangiare*, que significa "vamos a comer". Los romanos no tienen paciencia para tantas sílabas.

6	7	8	9	10
sei	**sette**	**otto**	**nove**	**dieci**
sei	*se*·te	*o*·to	*no*·ve	*die*·chi

Índice

Puntos de interés p. 000
Págs. de los planos p. 000

Véanse también los subíndices:
Comer p. 183
Beber p. 184
Comprar p. 185

Comer

Beber

Comprar